Técnica y Recetas Básicas

GLUP!

Blanca Cotta
Cocina

Recuerdo de tu tío
Sara

Blanca Cotta

Técnicas y Recetas Básicas

Blanca Cotta
Cocina

PLANETA

Diseño de cubierta:
María Inés Linares

Diseño de interior:
Adriana Martínez

Producción:
Finita Ruiz Luque

Menciones:
Vigus, Triunvirato 4399
Susan Borghi, Federico Lacroze 2305
La Ferme, F. Lacroze y Tres de Febrero
La Compañía, Bs. As. Design Recoleta, Pueyrredón 2501
Drugstore Bazar, Bs. As. Design Recoleta, Pueyrredón 2501
Crystal Gallery, Bs. As. Design Recoleta, Pueyrredón 2501

Derechos exclusivos de edición en castellano
reservados para todo el mundo:
© 1998, Editorial Planeta Argentina S.A.I.C.
Independencia 1668, 1100 Buenos Aires
Grupo Editorial Planeta

ISBN 950-742-912-3

Hecho el depósito que prevé la ley 11.723
Impreso en la Argentina

¡HOLA, AMIGA!

Quizá parezca demasiado pretencioso el nombre de esta Colección que Editorial Planeta inicia con este primer título: *Blanca Cotta Cocina.* Mi único propósito es que esta serie de libros se identifique con usted: con la cocina familiar heredada, ajena a todas las modas pero respetuosa de todos los estilos; sabia en dar con el gusto de los seres que amamos; diestra en el rescate de viejas fórmulas perdidas en el tiempo. Cocina sin secretos, cocina generosa, cocina hecha con amor. Cocina para encender las ganas de cocinar. Cocina que sólo pretenderá —como siempre— ser un trampolín para que usted, con fundamento y seguridad, dé rienda suelta a su imaginación y creatividad con pleno éxito. Eso sí: una colección de libros un tanto ambiciosa pues tratará de abarcar, a través de sus diferentes títulos, todos los temas tradicionales. En cocina, como en la vida, nunca se termina de aprender. Son muchos los caminos diferentes que pueden llevarnos al encuentro de una misma verdad. Y son muchos, también, los prejuicios que a veces intentan detener nuestra marcha.

Yo sólo trataré de mostrarle el camino de mis experiencias con honestidad, explicándole cada receta como es mi costumbre: con "ademanes"... ¡como si se la estuviera contando a una amiga! Todos en la vida corremos detrás de sueños. Con esta colección pretendo entrar a su casa y quedarme a su lado para siempre, soñando con que cada vez que alguien hojee uno de "mis" libros... ¡le den unas tremendas ganas de cocinar! O, al menos, de saborear alguna receta... Ese sería para mí el mejor premio. Soy consciente de que: *En esta vida lo importante no es ser sol, sino una lucecita que alumbre allí donde se la pone.* ¡Gracias!

Blanca Cotta

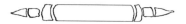

MEDIDAS Y EQUIVALENCIAS

Usted y yo sabemos que la cocina no es una "ciencia exacta" (¡por suerte!…). Pero si algún perfeccionista le hubiera regalado una balanza y usted se empeñara en usarla, le ofrezco una guía de equivalencias para que pueda interpretar mejor "mis medidas" informales, por cucharadas, cucharaditas (al ras, gordas o panzonas) y por tazas (de la época de mi abuela) o pocillos de café (de los de antes).

AZÚCAR	1 cucharada al ras	14 gramos
	1 cucharada gorda	21 gramos
	1 cucharada panzona	30 gramos
	1 pocillo tamaño café	63 gramos
	1 taza	250 gramos
HARINA	1 cucharada al ras	11 gramos
	1 cucharada gorda	18,5 gramos
	1 cucharada panzona	30 gramos
	1 pocillo tamaño café	63 gramos
	1 taza	160 gramos
FÉCULA DE MAÍZ	1 cucharada al ras	8 gramos
	1 cucharada gorda	14 gramos
	1 cucharada panzona	29 gramos
	1 pocillo tamaño café	60 gramos
	1 taza	150 gramos
AGUA	1 cucharada	12,5 gramos
	1 taza	250 gramos (1/4 litro)
ACEITE	1 cucharada	12,5 gramos
	1 taza	250 gramos (1/4 litro)
MIEL	1 taza	320 gramos

JERGA DE COCINA

Las cocineras tenemos —a veces— un vocabulario muy especial para denominar diferentes pasos de cocina o preparaciones básicas. Para evitar confusiones y sin ningún ánimo de ofenderla, en este capítulo trataremos de explicarle qué queremos decir cuando decimos…

ABRILLANTAR: sinónimo de glasear.

ACARAMELAR: bañar con caramelo. Ej.: acaramelar una budinera para hacer un flan (ver pág. 151).

ACETO BALSÁMICO: un vinagre "V.I.P." que últimamente se ha puesto de moda. Está hecho con mosto de una uva especial de Módena. Como es muy concentrado, hay que usarlo con mucha prudencia.

ADEREZO: mezcla de ingredientes o salsa para condimentar una comida. Ej.: aderezo francés, salsa golf, mayonesa, etcétera.

ADEREZO FRANCÉS: es la clásica mezcla de aceite, vinagre y sal con que toda la vida aderezamos las ensaladas. Por supuesto, con todas las variantes que admite: agregado de un poco de mostaza, reemplazo del vinagre por jugo de limón o aceto balsámico, etcétera.

ADOBAR: condimentar carnes con distintos condimentos, vinagres y aromáticos, a fin de sazonarlos y darles más sabor.

"AL DENTE": expresión usada para comprobar la cocción de pastas o arroz; al morderlos deben ofrecer cierta resistencia.

AMASAR: unir los ingredientes con las manos, sobre la mesa; y una vez obtenido el bollo, estirarlo y replegarlo sobre sí

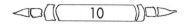

mismo tantas veces como sean necesarias hasta obtener una masa lisa y elástica. Una forma de abreviar el amasado es, una vez obtenido el bollo... ¡levantarlo en alto y estrellarlo sobre la mesa unas cuantas veces, con toda la bronca de la semana! Es prodigioso comprobar cómo la masa toma enseguida elasticidad.

BAÑOMARÍA: técnica que consiste en cocinar una preparación colocando el recipiente que la contiene dentro de otro con agua, a fin de que la cocción sea indirecta y, por lo tanto, más suave. Esto evita que la preparación se pegue al recipiente o se queme.

BATIR: mezclar enérgicamente una preparación, levantándola con el batidor o cuchara a fin de incorporarle aire y hacerla más liviana.

BAVAROIS: postre moldeado al frío hecho a base de crema inglesa, el ingrediente que le da nombre (vainilla, chocolate, frutilla, etc.), crema de leche y una proporción mínima de gelatina para estabilizar la mezcla y darle consistencia para desmoldar.

BLANQUEAR: echar un ingrediente en agua hirviendo durante unos segundos para darle flexibilidad; o un poco más de tiempo, para darle apenas una precocción.

BÉCHAMEL: salsa blanca.

CLARIFICAR: operación que consiste en apartar las impurezas de una preparación. Ej.: clarificar gelatina, clarificar manteca.

CONSOMÉ: caldo muy concentrado y clarificado.

COULIS: jugo semiespeso y de textura homogénea, dulce o salado, que sirve de base a la presentación de los platos ¡para darles una nota de color! Un simple helado de crema servido sobre "coulis de frutilla" ¡parecerá sensacional! Un filete blanco de merluza, marcando el límite

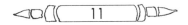

entre un coulis de espinacas y otro de tomate... ¡parecerá la bandera italiana! ¿Mi definición propia? Un aprendiz de salsa, que no alcanzó a recibir su diploma...

CREMOR TÁRTARO: ácido tartárico. Se compra en casa de repostería. Se usa tanto para "secar" preparaciones (glasé real, merengues) como para blanquearlas (torta ángel).

CRÊPES: panqueques.

CROUTONS: daditos de pan dorados en manteca a la sartén o en el horno.

CURRY: mezcla de especias oriunda de isla Mauricio o de la India, de color amarillo y sabor muy especial y diferenciado según su origen.

DECANTAR: transvasar un líquido inclinando con suavidad la vasija que lo contiene, para que no arrastre el sedimento.

DESENGRASAR: quitar la grasa a una salsa, un caldo, un trozo de carne, etc. La forma más práctica de desengrasar una salsa o un caldo es dejarlo enfriar en la heladera y luego retirar cuidadosamente con una espumadera la grasa que se habrá solidificado en la superficie.

ECHALOTTE: esta voz es francesa. Planta originaria de Asia, de aspecto similar a la cebolla de verdeo pero con muchos bulbos, como sucede con el ajo. Su gusto es parecido a una mezcla de ajo y cebolla, pero más suave. Se utiliza de igual modo. En castellano se llama: chalote o escaloña.

EMPANAR: (es la voz correcta en lugar de "apanar".) Cubrir con pan rallado.

ESCALOPE: galicismo. Sinónimo de bife.

ESCAMAR: quitar las escamas de los pescados.

ESPUMAR: quitar la espuma a un caldo, un almíbar, etcétera.

FLAMEAR: prender fuego a una preparación para que despida llamas. Ej.: flamear una "omelette al ron".

FÉCULA DE MAÍZ: Maizena.

FONDO DE COCCIÓN: el líquido concentrado que queda en el recipiente donde se han cocinado aves, pescados o carne. También el pegote que queda en el fondo de una sartén o cacerola luego de dorar un ingrediente y que se afloja con un poco de agua, caldo o vino, hasta lograr disolverlo e integrar la salsa.

FUNDIR: derretir.

GLASEAR: abrillantar.

GOLPE DE FRITURA: consiste en freír a alta temperatura un alimento precocido y rebozado, con el fin de dorarlo rápidamente.

GRATINAR: dorar una comida en el horno. Para acelerar el gratinado generalmente se espolvorea la superficie del plato con queso rallado y se rocía con manteca o margarina derretidas (u otro medio graso).

JARDINERA: guarnición compuesta por distintas verduras (si son grandes, cortadas en cubitos) y hervidas: zanahorias, papas, arvejas, etcétera.

JULIANA: ingrediente cortado en forma de tiritas finas.

LEUDAR: casi siempre decimos "levar". Esta palabra —si queremos respetar el lenguaje castizo significa: "recoger las anclas que están fondeadas". LEUDAR, en cambio, es lo correcto: "Dar fermento a la masa con levadura". Cuando la receta dice: "dejar leudar" casi siempre significa —si no se indica lo contrario— esperar a que la masa duplique el volumen.

LIGAR: unir una salsa o mezcla con huevos, fécula diluida u otro medio. Trabar. Espesar.

MEZCLAR: revolver ingredientes hasta lograr una mezcla homogénea.

NATA: ¡nada que ver con la "crema de leche" de los españoles! Yo llamo así a la película que se forma en las cremas calientes cuando éstas se enfrían. Por eso siempre recomiendo: revolver la crema de vez en cuando, hasta que se enfríe, para que no se le forme "nata". ¿Nunca se le formó "nata" en el café con leche o en el chocolate, y pidió a gritos que se lo colaran?...

MACERAR: ablandar un ingrediente sumergiéndolo en un medio líquido o que genere líquido. Ej.: macerar frutillas con azúcar.

PAPILLOTES: palabra francesa que significa: papelito. La usamos para denominar los adornos de papel plisado, recortado y enroscado con que se cubren los huesitos de las patas de pavo o pollo; o los extremos de las costillitas "a la villeroi", para mejorar su presentación en la mesa. Actualmente los cocineros —más prácticos— "vendan" los extremos de los huesitos con un trozo de papel de aluminio...

PAPRIKA: pimentón.

PIROTINES: especie de moldecitos de papel plisado (de diferentes tamaños) que se usan para mejorar la presentación de algunas especialidades de repostería: merengues, bombones, masitas húmedas, etcétera.

REBOZAR: bañar un alimento en huevo y luego —según indique la receta— cubrirlo con harina, pan rallado, etc., para luego freírlo o dorarlo en el horno.

REDUCIR: concentrar o "achicar" el volumen de un líquido o salsa, haciéndolo hervir hasta lograr —por evaporación— el fin perseguido.

REHOGAR: cocinar en un medio graso, sin dorar. Ej.: rehogar cebolla.

REPULGO: adorno que se hace replegando la masa del borde de empanadas, tartas o pasteles de fuente.

SELLAR: dorar un alimento rápidamente a fuego vivo (a la cacerola, a la plancha, en la sartén, etc.) para formarle una corteza que impida la fuga de los líquidos (o el relleno) que contiene. Ej.: sellar un bife..., una omelette..., etcétera.

SOLOMILLO: sinónimo de "lomo". Generalmente se lo identifica con el "lomo de cerdo".

TAMIZAR: pasar un ingrediente (o varios) a través de un tamiz o colador de trama fina.

TORNEAR: modelar una hortaliza o fruta, rebanándola con un cuchillito filoso, hasta darle la forma deseada.

TOURNEDOS: bife de lomo alto y redondo (de la parte más ancha).

VELOUTE: salsa "blanca" hecha con caldo (a veces con vino) en lugar de leche.

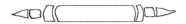

LOS VERDADEROS
AYUDANTES DE LA COCINA

Usted puede tener una cocina equipada con todos los electrodomésticos "de onda" y, sin embargo, carecer de los auxiliares más modestos e imprescindibles para trabajar con confort. Por ejemplo: un pelapapas bien afilado…, una espátula de goma bien flexible…, ¡un molde desarmable que ajuste bien! Este capítulo no pretende ser una guía de compras, sino el fruto de mi propia experiencia. Aunque —si usted me conoce desde el ¡vamos!—, sabrá perfectamente que en la cocina siempre me he comportado como una "Robinson Crusoe", tratando de adaptar el ingenio a las experiencias de las recetas o de mi bolsillo… ¿Cuántas veces le habré contado que he hecho tortas en moldes abollados y se han desmoldado perfectas pues he tenido la precaución de forrarles el fondo con doble papel enmantecado y enharinado? O que antes de la invención de la batidora eléctrica, y a falta de un batidor de alambre, he batido claras a nieve con dos tenedores (sosteniéndolos algo separados entre sí) y logrado el punto exacto: *El ingenio habita cerca de la necesidad…* diría Cervantes o Lope de Vega. Sí. Es verdad. Pero también es cierto que *el progreso del diseño industrial nos ayuda a ahorrar tiempo, que es el capital invisible más importante de la vida…* digo yo. ¿Pasamos lista a los utensilios y aparatos que realmente pueden convertirse en nuestros mejores ayudantes de la cocina?

ABRELATAS: indispensable, salvo que las conservas que compre tengan tapas "auto-abridoras" (¿se dirá así?…). El más común y menos riesgoso es el que tiene forma de tenazas y una "mariposa" para girar y accionar. Claro que menos esfuerzo costará un "abridor a pilas", es cierto… Pero… ¿y si cuando más lo necesita descubre que las pilas están agotadas y no tiene otras para cargarlo? ¡La decisión es suya!

AFILA-CUCHILLOS: ésos con rueditas múltiples son los más prácticos.

ASADERAS: le servirán para hacer carnes al horno con guarniciones. Un par no vendría mal... Si se decide, procure que una venga con parrilla, así la grasita del asado se escurre por ella...¡ y puede comerlo sin culpa!

BALANZA DE COCINA: más de una vez me habrá oído decir: la cocina no es una ciencia exacta... Es verdad. Mi mamá cocinaba "a ojo" y hacía cosas espléndidas. Pero nadie garantiza la herencia. Una balanza de cocina la ayudará cada vez que se encuentre con una receta expresada en gramos.

BATIDOR DE ALAMBRE: al elegirlo es importante que los alambres que lo forman no sean rígidos, sino flexibles. Reconozco que actualmente hay unos monísimos (¿de plástico?... ¿o de...?) ideales para mostrar en fotografía o decorar una cocina; pero realmente inútiles para batir. Conviene tenerlos en dos tamaños. El batidor de alambre es fundamental para dispersar la harina en salsas y cremas y evitar la formación de grumos. También —aunque muchos especialistas pongan el grito en el cielo— por la misma razón suelo usarlo para mezclar la harina cuando hago la "torta ángel" (u otro bizcochuelo) y evitar que se agrume en pelotitas.

BATIDORA ELÉCTRICA: imprescindible para todo tipo de batidos. Yo la llamo "mi alcancía de tiempo". Ella trabaja mientras yo estoy haciendo otro paso de cocina. Y, cuando me quiero acordar... ¡las claras ya están a punto de nieve bien firme! Lo ideal es la batidora que permite al mismo tiempo la rotación del bol, y que además el brazo batidor sea desmontable, para poder utilizarlo en los batidos que se hacen a bañomaría. Una cosa es pasarse horas y horas batiendo sobre el fuego para espesar un sabayón, y otra, contar con la batidora eléctrica, que en pocos minutos permite obtener un punto exacto.

BOLES: sé que este plural suena mal... Pero en castellano, la traducción de "bowl" es bol. Y el plural de las palabras terminadas en consonante se logra agregándoles una "e" y una "s". De bol... ¡boles! Dicho de otra manera:

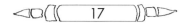

especie de taza, sin asa. Utiles para mezclas y batidos, conviene tener varios, de distintas medidas. Y alguno de vidrio térmico o acero para cuando la receta indica: "batir a bañomaría". Personalmente, le recomiendo uno profundo, por si se le ocurre hacer "merengue suizo". La última vez que lo hice en un bol chico, mi vecina creyó que se había desatado una tormenta de nieve...

¿Sabe cómo se llama el bol provisto de una manija larga, como la de una sartén? ¡"Perol"! Pero como las palabras también envejecen con el tiempo... ¿lo dejamos así?

BROCHETTES: seis brochettes medianas y seis un poco más largas le servirán no sólo para lucirse en una parrillada, sino también para sujetar alas y patas de ave en lugar de atarlos. No son imprescindibles, pero...

BUDINERAS: son moldes redondos de bordes altos y pico central, como los utilizados para flan. Los hay lisos y acanalados. Estos últimos permitirán una mejor presentación... ¡aunque se acordará de mí cuando tenga que lavarlos! Una budinera de 22 cm y otra lisa de igual tamaño siempre serán útiles.

CACEROLAS: insisto con el buen aluminio reforzado, aunque existe actualmente infinidad de materiales: desde el viejo y pesado enlozado hasta el vidrio térmico que permite espiar los estofados sin destaparlos o las cacerolas con revestimientos, que la obligan a aprender nuevas técnicas de cocción y fisicoculturismo para manejarlas... Elija el material que más le guste (o el que le hayan regalado). Es práctico tener una olla alta, por si alguna vez hace pucheros o locro..., otra de 4 litros de capacidad, otra de 2, y algún jarro de 1/2 o 1/4 litro para calentar la leche...

COLADOR DE CALDO: de trama finita, para logar un buen filtrado.

COLADOR DE TÉ: sirve también para tamizar pequeñas porciones de azúcar impalpable cuando hay que espolvorear piezas pequeñas.

CORTAHUEVOS: si a usted los colesteroles le permiten decorar fiambres y otras yerbas con rodajas de huevos duros, le aseguro que la única forma de obtener rodajas finitas y parejas sin que se deshagan... es recurrir a estos simples y aparentemente tontos aparatitos.

CUCHARAS DE MADERAS: conviene tener un juego de tres tamaños diferentes. Y para distintos usos. La madera fácilmente se impregna de olores y sabores. Y por más que usted las lave prolijamente, si las usó para rehogar ajos y cebollas... ¡el dulce de damasco podrá tomar gusto a guiso! (*Cree el que tiene experiencia*, diría Virgilio.) Una cuchara de mango bien largo es fundamental para revolver las comidas que inevitablemente "salpican": polenta..., ñoquis a la romana..., etcétera.

CUCHARÓN: elíjalo como le dé la gana. Lo importante es que sirva para recoger líquidos y verterlos.

CUCHILLA PARA PICAR: grande y que tenga buen filo en ambos lados de la hoja. Si el mango es pesado, mejor.

CUCHILLITO CHICO, DE PUNTA, FILOSO: le servirá para deshuesar, si alguna vez se anima a emprender esta aventura.

CUCHILLO SERRUCHO: de dientes finos: para rebanar carnes cocidas u otras comidas que admitan ser cortadas en rebanadas (incluido, por supuesto, el pan...).

DELANTALES: si es posible, que no la adornen sino que la protejan desde el cuello hasta las rodillas... Y si están forrados con tela impermeable, mejor. ¿Sabe por qué le doy tanta importancia a los delantales? No... no es por el temor a mancharme, sino porque creo a pie juntillas en este proverbio hindú: *Una mujer con delantal puesto no tiene tiempo de ser mala...* ¡Ja!

DESCAROZADOR DE ACEITUNAS:	y ya sé… ahora se venden aceitunas descarozadas. Pero… ¿y qué pasa con las aceitunas negras? Además… ¡yo lo uso también para descarozar cerezas! No es indispensable, pero es útil.
ESPÁTULAS ANCHAS:	cuadradas o rectangulares, prácticas para manipular en repostería, servir porciones de comida, etcétera.
ESPÁTULAS ANGOSTAS Y FLEXIBLES:	son prácticas para despegar la masa que estiró sobre la mesa y siempre se pegotea, o retirar piezas pequeñas de las placas, extender cremas, etcétera.
ESPÁTULA DE GOMA:	parece un elemento ínfimo. Pero no hay como una espátula de goma para "rebañar" (qué palabra antigua… ¿no?) las cacerolas o recipientes y no desperdiciar ni un poquitito así de la preparación que se quiere transvasar.
ESPUMADERAS:	elija no tanto las bonitas (si lo son, mejor) sino las que tengan mango aislante del calor y una superficie bien perforada, para lograr un buen escurrido. Para mí —aunque no son lindas— las de trama de alambre son las mejores.
EXPRIMIDOR CHICO, MANUAL:	a veces, para no ensuciar el exprimidor eléctrico bien vale la pena exprimir a mano un mísero limón.
EXPRIMIDOR ELÉCTRICO:	parece una "monería", pero si usted considera que su tiempo —y sus articulaciones— son valiosas, resulta un auxiliar estupendo para no desperdiciar ni un poquitito así de jugo, ni de energía en caso de tener que exprimir muchas unidades.
FUENTES PARA HORNO Y MESA:	pueden ser de acero, cerámica o de vidrio térmico. Estas últimas, complementadas con canastitas de mimbre, son ideales. Las hay rectangulares, redondas o cuadradas. ¿Una de cada una?
HELADERA CON FREEZER:	indispensables para la salud y la economía. Confórmese con la que le regale su marido, o su suegra.

MANGAS DE REPOSTERÍA:	son recomendables las de plástico, con adaptador y boquillas intercambiables. Aunque no soy experta en repostería, aconsejo tener por lo menos tres: tamaño chico, mediano y grande. Idem boquillas de picos y boquillas lisas.

Allá usted si quiere hacer "monerías" agregando a la lista boquilla para hojas, para florcitas, para copitos retorcidos, etcétera.

MARCADOR DE ÑOQUIS:	insólito y anticuado elemento sin el cual los ñoquis… ¡no parecen ñoquis! A falta de éste, más de una vez los he "marcado" haciéndolos rodar como por un tobogán, a través de los dientes de un tenedor enharinado…

MARCADOR DE RAVIOLES Y RUEDITA DENTADA:	si nunca va a hacer ravioles caseros… ¡olvídese de lo que voy a decir y pase a otro tema! A mi juicio, el marcador de ravioles es indispensable para que éstos no se abran al hervir. Eso sí: tiene que marcar la masa con toda la fuerza que tengan usted, su marido y su suegra juntos. Mucho… ¿no? Recién entonces… ¡dé paso libre a la ruedita dentada para cortarlos! Otra garantía de que los ravioles quedarán bien sellados.

MAZA PARA APLASTAR BIFES:	le recomiendo unas chiquitas, bien pesadas, aunque de aspecto vulgar. Si son muy grandes, que las use su marido, así le ayuda a desarrollar sus bíceps.

MOLDECITOS INDIVIDUALES Y MOLDES EN PLACAS:	no son indispensables pero es lindo tenerlos. Sé que más fácil es comprar las vainillas hechas. Pero… ¿sabe qué olorcito sale del horno cuando una las hace? Vale lo dicho para "muffins"… También los moldecitos individuales para flanes o gelatinas son prácticos para el servicio individual (si a un flan grande le saca sólo dos porciones… ¡lo que quedará en la fuente parecerá incomible!).

MOLDES DESARMABLES:	son prácticos para aquellas preparaciones muy frágiles o con rellenos húmedos, como las tartas. Elija una buena marca y cerciórese, mirando al trasluz, de que el cierre sea hermético y no deje filtrar ni un poquitito así de

luz. Si se decide, compre uno para tarta (22 cm) y otro para torta (22 o 24 cm).

MOLDES DE VIDRIO TÉRMICO: tienen dos ventajas: su transparencia permite ver la cocción del fondo y la de los costados, y son fácilmente lavables, de modo que siempre están impecables. Pero tienen tres desventajas: son "rompibles"; con el horno encendido al máximo se recalientan en forma excesiva; resultan difíciles de manipular y desmoldar. Sin embargo, debo reconocerles una ventaja extra: son presentables para llevar a la mesa. Es práctico tener una tartera de 22 cm y otra de 24 o 26; así como también moldes individuales profundos o molde único para la presentación de soufflés (si es que algún día se le ocurre hacerlos).

MOLDES RECTANGULARES O TIPO BUDÍN INGLÉS: los hay de distintos tamaños. Si necesita para hacer una "prueba", el más chico es el Nº 1. El número 5 corresponde al tamaño de un "budín inglés" del Primer Mundo.

MOLDES REDONDOS: para tortas. Prefiero los de aluminio u otro material no oxidable, como el teflón. ¿Medidas? No soy partidaria de grandes proporciones. Me bastan uno de 20 cm de diámetro, otro de 22 cm y uno de 24 cm. A lo sumo, de 26.

MOLDES TIPO SAVARIN: son moldes en forma de rosca, con tubo central y paredes bajas. No son imprescindibles pero pueden servirle no sólo en repostería sino para moldear arroz, budines de verdura, etc. Si se decide, estos dos tamaños pueden serle útiles: 20 cm y 22 cm.

MOLINILLO DE PIMIENTA EN GRANO: es mi manía. La pimienta negra en grano, recién molida, da a las comidas un aroma que no puede encerrarse en ningún sobrecito.

MORTERO: yo tengo un mortero de mármol heredado de mi abuela... Pero es bueno tener aunque sea uno artesanal de madera para cuando a su marido se le ocurra, por ejemplo, comer "tallarines al pesto". Sólo machacando

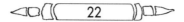

el ajo con las nueces, el queso rallado y la albahaca ¡podrá obtener un pesto de primera!

PALOTE DE AMASAR: personalmente prefiero el palote pesado, que a la menor presión permite estirar una masa consistente. Existen también los rodillos, que giran sobre un eje. Yo prefiero los primeros. Conviene —si usted es fanática de la cocina y le gusta amasar— tener dos de tamaño diferente: uno de tamaño grande y pesado, y otro pequeño y liviano, para masas tiernas. Si usted se enrola en la fila de las amas de casa "ligth"... ¡olvídese de este cavernícola auxiliar y manéjese con masa comprada!

PAPELES DE COCINA: todos son útiles: papel manteca, para forrar moldes; papel aluminio, para envolver o para cubrir recipientes, a modo de tapa; rollos de papel absorbente: para escurrir frituras; papel celofán adherente, para cubrir fuentes armadas o ingredientes y estacionarlos en la heladera, sin riesgo de que el frío los reseque. ¡Y todos los usos improvisados que usted le dé!

PICADORA ELÉCTRICA: otro auxiliar práctico para pulverizar todo lo que queramos pulverizar: desde queso hasta galletitas, nueces, almendras... o chocolate. Y también para picar (cebolla, carne, etc.) siempre que no se nos vaya la mano y transformemos todo en una pasta.

PLACAS PARA PIONONO: elíjalas de aluminio, de bordes bajos.

PINCELES: le recomiendo pinceles de cerda, bien flexibles y no de nylon, pues en el caso de pintar con elementos calientes (ej.: almíbar) la temperatura puede alterarlos y fundirlos.

PIOLÍN, TIJERAS Y AGUJA DE OJO GRANDE: reconozco que no sé ni pegar un botón... Pero estos elementos no me faltan en la cocina cuando necesito coser un pollo relleno, atarlo o cortar un papel para forrar un molde... (y tal vez cuántas cosas más que no me acuerdo).

PRENSA-AJO: otra monería indiscutiblemente útil para cuando su marido le bese las manos, así no le dan ganas de comérselas con un vasito de vino; o peor aún, exclamar airado: "¿para eso te regalé ese extracto francés?...".

PROCESADORA: personalmente me resulta un auxiliar excelente para mezclar ingredientes líquidos, o semilíquidos, licuar, triturar "a medida"... ¡incluso para "cortar" la manteca fría con harina —como indican algunas recetas— y convertir todo en un fino granulado! Indispensable para la "sopa crema Borscht" que me sale 10 puntos. Muy útiles resultan también sus accesorios, especialmente para rebanar en finas tajadas o para la insoportable tarea de rallar zanahoria... Eso sí: ni se le ocurra batir claras con ella porque sólo logrará disgregarlas.

PIZZERAS: las hay de aluminio, baratísimas. Le servirán también como placa para hacer galletitas y otras piezas. Tenga por lo menos 4...

RALLADOR DE ACERO: suena a antigüedad. Pero piense: ¿cómo va a rallar una naranja o cáscara de limón, si no? ¡Hasta le resultará utilísimo para la nuez moscada, ya que los ralladorcitos que traen apenas sirven para hacerles cosquillas en la espalda (¿tienen o no tienen espalda las nueces moscadas?).

REPASADORES QUE SEQUEN: y agarraderas que protejan. Prefiero los primeros, de toalla, y los segundos, con guata. De los dos, ¡un montón!

REJILLA PARA DESMOLDAR TORTAS: prefiero las de alambre con patitas, así la evaporación es más efectiva.

RUEDITA AFILADA PARA CORTAR PIZZA: parece algo prescindible. Pero permite trazar las diagonales de la pizza sin titubeos, con cortes netos, ¡provocando el clásico "crack" que deben gritar los bordes de toda pizza bien hecha!

SACACORCHOS: hay infinidad de modelos y sistemas. Aunque de espíritu radical, en este tema soy conservadora: me inclino por los que perforan el corcho con un verdadero tirabuzón, al tiempo que levantan las "alas" para luego bajárselas y, con esa palanca, ¡sacar sin esfuerzo el corcho enterito!

SARTENES: prefiero las de buen aluminio y alguna de teflón. Las sartencitas individuales son útiles para pequeñas porciones o pasos de cocina. El acero recalienta demasiado. Necesidades mínimas: una sartén y dos sartencitas individuales.

TABLAS DE MADERA: ya sé que hay otras, monísimas, blancas, de no sé qué vinílico. Pero le aseguro que en cuanto las pone en uso… ¡se rallan más que un disco de Gardel! Personalmente prefiero las de madera, de distintos tamaños y formas: rectangulares, tamaño mediano, para rebanar carnes… redonda, para picar… redonda bien grande, para pizzas…

TAZAS Y CUCHARAS MEDIDORAS: las hay monísimas en el mercado, pero no se moleste en comprarlas para utilizar este libro. Casi siempre responden a medidas americanas (norteamericanas… ¡bah!). Y yo uso (ver pág. 8) las tazas de 1/4 litro de capacidad, las cucharas soperas de mi abuela, las cucharitas de té de mamá y las cucharitas de café de mi tía Pepita. Y cuando digo: un poquitito así, es… ¡un poquitito así! (*Lo de menos es ver las cosas fuera de nosotros: lo importante es sentirlas en nosotros, diría Unamuno.*)

TIJERA DE TRINCHAR: indispensable (o al menos, práctica…) para despresar aves, deshuesar la pechuga de un pavo, etcétera.

TAREAS "INSALUBRES"

Acostumbro a llamar así a aquellas tareas de cocina que "sí o sí" tenemos que realizar; o por lo menos saber cómo hacerlas para poder guiar a los demás. Si a usted le gustan las "rabas" seguramente las comprará en el mercado bien limpitas y listas para rebozar. Pero… ¿qué pasa si su marido la sorprende con 1 kilo de calamares enteros, con todas sus plumas?… Este capítulo pretende ser un S.O.S. para dueñas de casa al borde del ataque de nervios. Pero antes, le aclaro: recuerde que yo soy un poco maniática para limpiar bichos… Con decirle que hasta me tomo el trabajo de "limpiar" los camarones pelados, ¡uno por uno!

CÓMO LIMPIAR LANGOSTINOS

1 Arránqueles la cabeza, con bigotes y todo. Con un cuchillito deseche esa masa grisácea (a veces rosadita) que asoma por el cuello. Sé que los chefs de carrera hacen con estos despojos un exquisito caldo para enriquecer salsas. Pero como yo soy "cocinera de a pie"… ¡paso!

2 Ingéniese para desprenderle las patitas, el caparazón y la cola, sin romper el cuerpo.

3 Una vez que consiguió librar el cuerpo de todos esos indeseables, clave el cuchillito en medio de la espalda curva (¿tienen espalda los langostinos?) y arránquele y deseche ese "hilito gris o negro" que tiene incrustado y que —según leí en alguna enciclopedia— ¡es el aparato digestivo! La espalda del langostino ostentará así un hermoso surco: ¡garantía de que el bicho está bien limpio!

4 Coloque los langostinos en un bol y rocíelos con limón.

CÓMO LIMPIAR CALAMARES
(a mi manera)

1 Elija los que no son desmasiado grandes. Si quiere rellenarlos, el tamaño ideal es el de los llamados "chipirones". Si los destina a "rabas" elíjalos de tamaño mediano.

2 Sujete el cuerpo del calamar con la mano izquierda, firmemente; con la derecha sujete la cabeza y arránquela con todo lo que lleve a la rastra... (¡puajj!).

3 En esa especie de "relleno" que tiene el calamar, encontrará adherida una especie de bolsita plateada semejante a una anchoíta venida a menos (usted me entiende). ¡Esa es la famosa "bolsita de tinta"! Si piensa ensayar alguna receta que la incluya, despéguela cuidadosamente y guárdela en una tacita, cubierta con agua, hasta el momento de utilizarla. Si no, ¡olvídese! Separe la cabeza y tire el resto (del "relleno", por supuesto).

4 Córtele a la cabeza los tentáculos más gorditos y tire el resto, aunque su abuela vasca ponga el grito en el cielo (una vez una amiga mía me ofreció una "picada", y en cuanto descubrí las cabezas de los calamares... ¡se me cerró el estómago de golpe!). Por supuesto, proceda usted de acuerdo a su gusto personal y el de sus ancestros. *Mil hombres y mil caras; así también, ¡mil gustos!...* (Persio).

5 Raspe a los tentáculos las adherencias calcáreas y córtelos en trozos regulares.

6 Quítele al cuerpo y aletas la piel que los recubre. No le importe que algún trocito les quede adherido: le darán un color más oscurito a la salsa. Pero no exageremos... Una cantidad excesiva puede otorgarle sabor amargo.

7 Corte las aletas laterales y resérvelas (o déjeselas...).

8 Quítele al calamar el cartílago (llamado "pluma" pues realmente parece ¡una pluma de plástico!) que interiormente corre a lo largo del cuerpo. Si no la saca, no podrá dar vuelta del revés el calamar.

9 Dé vuelta del revés el cuerpo del calamar, como si se tratara del dedo de un guante, empujándolo por la punta. No soy obsesiva... ¿Vio cómo está lleno de adherencias por dentro? Ráspeselas cuidadosamente con un cuchillito.

10 Lave bajo la canilla el "rompecabezas" del calamar que ha limpiado... ¡y siga adelante con paso de vencedora!

Cómo deshuesar y rellenar un pollo (o gallina)

Hacerlo es más fácil que explicarlo. Y tal vez menos cruento. Pero bien diría el último pollo que deshuesé (¿o lo dijo algún autor célebre?...): *Poco eres si tu muerte no es deseada por varias personas...* Lo cierto es que un pollo deshuesado y relleno rinde mucho más que un pollo cortado en presas. Y cierto es también que usted —con un plus en el precio— puede comprar el pollo deshuesado. Pero el saber no ocupa lugar... ¡Y es tan lindo bastarse a sí misma! Debo confesarle: a mí me resulta más fácil deshuesar un pollo ¡que coser un botón sin que se me hagan "orejas" de hilo! Mire los dibujitos, lea las explicaciones, sonría... ¡y listo el pollo!

Consejos previos

• Elíjalo de buena familia.
• Decídase por un pollo que no sea demasiado chico (pues le entrará poco relleno) ni tampoco demasiado grande (porque siempre parecerá con el pecho caído...).
• Fíjese que la piel del cogote no esté cortada, que la abertura de abajo no sea un desastre y que no tenga la piel agujereada en ningún lado.

Preparación
Cómo deshuesarlo

1 Desarticule las alas.

Haga una incisión en la parte posterior de la piel del cogote y vuélquela sobre la pechuga. Separe el cogote con un corte sin miedos y luego, con la punta del cuchillo (y otros cortecitos), separe las articulaciones de las alas. El pollo parecerá que está haciendo huelga de alas caídas…

2 Retire el "huesito de la suerte".

Haga una escisión en forma de "V" en el borde superior de la pechuga, como si le estuviera marcando un escote en "V", con un corte que vaya de "hombro a hombro". Desprenda de la carcasa y de las articulaciones de los hombros el "huesito de la suerte". Arránquelo y regáleselo a cualquier quinceañera ingenua que esté noviando. Este huesito hace las veces de "cremallera" (cierre relámpago… ¡bah!). Si no lo saca en primer término… ¡la tarea del deshuesado le resultará dificilísima!

3 Córrase ahora hasta la parte baja del pollo y, por dentro, sin romper la piel, ingéniese para torcerle las patas y desarticular los muslos. Raspe toda la carne adherida al muslo, a fin de dejar los huesitos "pelados". Yo no deshueso las patas propiamente dichas para que el pollo, una vez deshuesado, no pierda su forma de pollo. Por la misma razón, tampoco deshueso las alas. ¿A usted le gustaría, acaso, comer una pelota de rugby?

4 Vaya ahora nuevamente hasta la cabecera del pollo, meta la mano izquierda en el escote (del pollo, se entiende), sujételo bien y, con la otra mano empuñando un cuchillito de punta filoso, vaya raspando del esqueleto (carcasa), toda la carne adherida. ¡Cuidado con la espalda, que tiene poca carne y puede agujerearse al menor descuido! Al hacer esta operación, NO TENGA

SER
O
NO
SER...

MIEDO. Raspe y tironee (con el cuchillito o con la mano) y no vacile en cortar tendones y otras yerbas cada vez que la carne se niegue a separarse de los huesos.

5 Cuando ya no tenga más que separar del esqueleto, vale decir, cuando llegue al nivel de la "rabadilla", cobre coraje, repire hondo... y corte drásticamente todos los colgajos, dejando —¡al fin!— libre la carcasa. Retire el esqueleto (bueno... ¡bah...! ¡la carcasa!).

6 Ingéniese para que el pollo vuelva a tener forma de pollo... ¡venido a menos!

7 Lávelo por dentro y por fuera. Séquelo. Y no desperdicie los pedacitos de pechuga que seguramente se habrán desprendido sin que usted se lo haya propuesto. ¡Métaselos otra vez adentro! Sazone el pollo por dentro y por fuera con sal y pimienta, frótelo con limón, ¡y busque una buena receta para rellenarlo! Pero antes...

Cómo "cerrar" un pollo deshuesado

a) Estire la piel del cogote (¿vio por qué no había que cortarla y desecharla?) hacia atrás, y cósala flojamente sobre la "espalda" del pollo (como si cosiera una encomienda). De este modo, quedará cerrada la abertura del cogote.

b) Cosa los agujeritos que sin querer le habrá hecho al pollo en este primer aprendizaje. Cosa también la abertura de la rabadilla, no así la abertura grande de abajo, por donde rellenará el pollo. Antes de seguir adelante... ¿Se acordó de sacarle a la rabadilla la glándula sebácea que tiene en el dorso? (debajo de la piel, un bultito amarillo). ¡Esa es la que da al pollo un espantoso olor a gallinero!

c) Rellénelo, cóselo, ¡y siga leyendo!

Cómo rellenarlo

1 Introduzca el relleno por la abertura de abajo, en forma floja, pues casi siempre se hincha al cocinarlo. Si lo rellena en exceso, la piel puede estallar... ¡y chau presentación!

2 Una vez relleno el pollo, cosa prolijamente la abertura de abajo.

3 Ate el pollo con piolín sujetando las patas y las alas con dos ligaduras. O si no quiere usar piolín (o no lo encuentra...), sujete alas y patas con sendas brochettes.

Cómo cocinarlo

1 Pinche repetidamente la piel del pollo con una brochette para que, al cocinarse, la grasita que se derrite con el calor no rompa la piel del pollo.

2 Tapice una asadera con rodajas finas de papa.

3 Acueste al pollo "boca arriba", sobre las papas. De este modo, la piel no se pegará a la asadera.

4 Vierta un poco de agua o caldo en la asadera.

5 Rocíe el pollo con aceite.

6 Cocínelo en horno moderado hasta que la piel esté doradita (2 horas aproximadamente). NO LO DÉ VUELTA JAMÁS. (Perdón: en plena democracia es libre de hacer con el pollo lo que se le antoje... Pero después no venga con reclamos... ¿eh?) *Los que cambian su libertad por su seguridad, no merecen ni libertad ni seguridad* (Benjamín Franklin). ¡ki... ki... ri... kíííí!

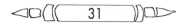

CÓMO DESHUESAR LA PECHUGA DE UN PAVO O PAVITA

Si usted aprende a quitarle el hueso de la pechuga a un pavo o pavita y después lo rellena; y después lo cocina; y después lo enfría; y después aprende a trincharlo..., en el momento de servir, cada tajada de pechuga saldrá con su correspondiente complemento de relleno y evitará así una espantosa demolición. O, algo más absurdo aún: la pechuga por un lado... ¡y el relleno puesto en un bol, aparte! Aunque, pensándolo bien... ¿y si a usted le gusta seguir con sus viejas costumbres y mandar al diablo mis sugerencias? Haga como quiera, pero, digo yo... ¿para qué compró usted este libro?

Preparación

1 Baje la piel del cogote de la pavita de modo que le caiga sobre el pecho (el pecho de la pavita, se entiende...). Ni se le ocurra cortarla. Si el hueso (o huesitos) del cogote están a la vista, secciónelos al ras y déselos al gato.

2 Haga una incisión a lo largo del escote de la pavita, como si marcara una "v".

3 Desarticule las alas y el huesito de la suerte (huesazo... ¡bah!). Ayúdese con la tijera de trinchar.

4 Retire el "hueso de la suerte" (en forma de horqueta), única barrera que hay que franquear para lograr el éxito.

5 Con la mano o con un cuchillito filoso vaya desprendiendo por dentro de la pechuga del hueso de la "carcasa" (palabra que no significa nada en el diccionario, pero que las cocineras nos empeñamos en usar para aludir al esqueleto del ave).

6 Una vez bien desprendida la carne de la "quilla", empuñe una tijera de trinchar (pídala prestada si no tiene) y sin ningún miramiento corte por dentro las "costillas" que unen la "quilla" con el resto del esqueleto.

Tome fuertemente la quilla y retírela del pobre animalito que, de ahí en más, quedará con el pecho caído...

Cómo trinchar una pechuga rellena (cocida y fría)

1 Corte con una cuchilla filosa los límites de la pechuga en todo su contorno, y pase la cuchilla horizontal por la base a fin de desprender la pechuga rellena del resto del animal. ¡PERO NO LA SAQUE!

2 Así las cosas..., siempre usando una cuchilla bien filosa, divida la pechuga rellena verticalmente en dos mitades, sin sacarlas de su lugar.

3 Ahora, con cortes paralelos entre sí y algo sesgados, divida cada mitad de pechuga en las tajadas que pueda, sin sacarlas de su lugar. Para que se queden quietecitas donde están, puede sostenerlas con pinches en los que habrá clavado, en forma alternada, cerezas glasé y trocitos de ananás o de queso.

4 Termine de adornar la pavita con todos los chirimbolos que se le ocurran.

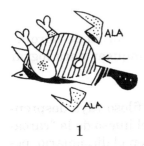

1

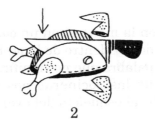

2

3

CÓMO LIMPIAR Y COCINAR ALCAUCILES

Le recomiendo que haga esta tarea con guantes, so riesgo de que sus dedos queden teñidos de un gris verdoso poco agradable.

1 Córtele los tallos y deséchelos. Si es muy ahorrativa —y los tallos son "gordos"— pélelos y rescate la parte central, tierna. Una vez cocida y picada... ¿quién se dará cuenta?

2 Rebánele a cada alcaucil la punta de la nariz. Deséchela.

3 Quítele las hojas externas duras de la base (brácteas... ¡bah!).

4 Con un cuchillito filoso (y a través de la parte cortada) retire y deseche los estambres del corazón (que vulgarmente llamamos "pelusa"... ¡Y claro que lo parecen!).

5 Lávelos y frótelos con limón (como contienen mucho hierro se oxidan enseguida y oscurecen).

6 Póngalos a hervir en abundante agua adicionada con jugo de limón y 1 cucharada de harina (ésta ayuda a "blanquearlos").

7 Déjelos hervir hasta que, al clavarles un tenedor en la base, (¡ayy!), se noten tiernos.

Cómo obtener "corazones de alcauciles"

1 Una vez hervidos los alcauciles, deshójelos hasta dejar al descubierto el corazón.

2 Con un cuchillito, raspe la base de las hojas quitándoles así la pulpa tierna que le servirá para adicionar cualquier relleno. Diría Cicerón: *No entienden las cocineras (¿o los hombres?...) cuán gran renta constituye la economía...*

CÓMO LIMPIAR Y COCINAR ESPÁRRAGOS

Si son blancos

1 Sin desatarlos, a partir de las puntas —a 15 cm aproximadamente— haga un corte y deseche los extremos fibrosos y duros. Tome delicadamente uno por uno y ráspeles los tallos como si fuesen zanahorias.

2 Lávelos cuidadosamente y vuelva a atarlos.

3 Cocínelos al vapor. O de este modo: coloque el atado "paradito" en una cacerola o jarro profundo, agrégueles agua hasta la cintura… ¡y deje que se cocinen hasta que las puntas estén tiernas! Como estos espárragos una vez cocidos son muy frágiles, este método ayuda a protegerles las puntas.

4 Otra forma: átelos igualmente, para que no se entrecrucen nadando; cúbralos con agua más un poco de sal y déjelos hervir suavemente hasta que, al pincharlos delicadamente, estén tiernos.

Si son verdes (espárragos "trigueros")

1 Deseche menos porción de los tallos al limpiarlos pues estos espárragos son muy tiernos y casi totalmente comestibles.

2 Como son muy finitos, átelos pero cocínelos al vapor; "acostados", por el método tradicional.

CÓMO QUITARLE EL "HILO" A LAS CHAUCHAS

El mejor método que había encontrado era rebanarlas con un pelapapas bien afilado. Después descubrí que si compraba "chauchas balina" y las cocinaba cortadas en trocitos… ¡me ahorraba la tarea! Esto me permitió una fantasía: ahora, en lugar de "deshilar" las chauchas chatas… ¡las corto en zig zag, formando triangulitos y los hilos desaparecen como por arte de magia! Además, quedan mucho más presentables para utilizar como guarnición.

CÓMO PELAR UN ANANÁS FRESCO

1 Quítele todos los penachos. (El central, si lo saca con un poco de pulpa, lo abandona 4 días en cualquier lugar de la cocina y después lo planta en tierra... ¡brotará como por arte de magia!)

2 Quítele una rodaja de la base y de la cúspide.

3 Rebánele la cáscara, verticalmente, con cuchillo serrucho o bien afilado.

4 Con un cuchillito de punta quítele los "lunares" incrustados en la pulpa.

5 Córtelo en rodajas de 1 cm de espesor (o menos...).

6 Con un cortapastas redondo chico, quite a cada rodaja el centro duro, para convertirlos en anillos.

NOTA

Los "despojos" del ananás, bien lavaditos, sirven para preparar un buen refresco. Hágalos hervir con abundante agua hasta que ésta tenga sabor. Endulce, cuele y sirva bien fría.

CÓMO "PELAR" UN COCO FRESCO

1 Fíjese que el coco tiene, en un extremo, 3 lunares.

2 Perfore con un clavito uno de ellos.

3 Agite el coco sobre un bol para vaciarle el agua por ese agujerito. Resérvela para alguna receta... ¡o bébasela!

4 Tome un martillo y parta el coco a pedazos (¡cuide sus ojos y al gato!).

5 Desprenda la pulpa de la cáscara con un cuchillito y pele cada trozo quitándoles la piel oscurita que tienen adherida (¡y de qué modo!).

6 Lave y seque la pulpa blanca así obtenida. Utilícela como indique la receta.

CÓMO PELAR CASTAÑAS

1 Hágales un tajito en la parte aplanada y quíteles la cáscara externa dura.

2 Póngalas a hervir en abundante agua y, apenas las note tiernas, escúrralas (si se descuida, se ablandan y deshacen).

3 Retíreles cuidadosamente la piel fina marrón que las recubre.

4 Si intenta quitarles los tabiques internos que tienen... ¡no me responsabilizo! Apenas lo haga ¡se desharán en pedacitos!

CÓMO PELAR UNA NARANJA O UN POMELO "A VIVO"

En nuestra jerga esto significa: separar los gajos librándolos del hollejo.

1 Córtele a la naranja una rodaja de ambos polos.

2 Colóquela vertical sobre una tabla.

3 Rebánele la cáscara con un cuchillito filoso (o serrucho) a fin de arrastrar con ella la piel blanca y dejar la pulpa "en vivo" (usted me entiende...).

4 Ahora sostenga la naranja acostada sobre su mano izquierda (salvo que sea zurda...) y con la derecha deslice un cuchillito filoso entre la pulpa de un gajo y la piel que lo recubre, hasta desprender el gajo libre del hollejo.

5 Siga trabajando así con el cuchillito, gajo por gajo, hasta desprenderlos todos. (Sí... Ya sé... Tal vez se desperdicie jugo... ¡Pero qué linda sensación, en una ensalada de frutas, no tener que perder tiempo masticando hollejos!)

CÓMO LIMPIAR Y PICAR PUERROS O CEBOLLAS DE VERDEO

1 Con un cuchillito filoso, hágales una incisión a lo largo (sin llegar al corazón...) a fin de desprenderles las hojas externas, duras, fibrosas y, generalmente, amargas. Deseche también las puntas marchitas.

2 Corte el puerro o las cebollas en segmentos, vuélvalos a cortar a lo largo y, encimándolos y sosteniéndolos con una mano, córtelos en tajadas finitas. Resultado: ¡un picado perfecto!

CONSEJO
Si pica cebollas de verdeo... mire para otro lado o cálcese un par de anteojos. De lo contrario... ¡llorará como una Magdalena!

CÓMO LIMPIAR HÍGADO

- Quítele los "vasos" (arterias..., venas..., qué sé yo...).
- Despréndale la telita finita que lo recubre.
- Utilice como indique la receta.

CÓMO LIMPIAR SESOS

- Déjelos 15 minutos sumergidos en agua con un poco de vinagre.
- Hiérvalos a fuego suave hasta que se noten cocidos (15 minutos aproximadamente).
- Escúrralos y despréndales cuidadosamente las membranas que los recubren y otros indeseables.

CÓMO LIMPIAR UNA LENGUA

- Cepíllela bien bajo el chorro de la canilla.
- Armese de coraje y despréndale y deseche todas las adherencias que tiene en la base (el gato de su vecina, agradecido...).
- Echela en abundante agua con sal y déjela hervir hasta que la piel que la recubre se ponga opaca.
- Escúrrala, haga de cuenta que está batiendo una alfombra y... ¡golpéela con todas sus fuerzas contra la mesa! Yo que usted, uso a mi marido y una buena maza de batir bifes... Este método cavernícola es para lograr que la piel dura que recubre la lengua se

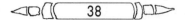

separe de la carne y a usted le sea más fácil desprenderla.

• Una vez "pelada" la lengua, ¡cocínela como indique la receta que haya elegido.

CÓMO LIMPIAR RIÑONES

• Lávelos bien y no les retire la membrana que los recubre... ¡porque ahora se venden sin ella ¿La razón? ¡Cuestiones bromatológicas!

• Pártalos por la mitad a lo largo y deseche la grasita que tengan y los conductos.

• Déjelos sumergidos en agua con vinagre media hora, para suavizarles el sabor. Escúrralos y utilice como indique la receta.

CÓMO LIMPIAR MONDONGO

Ahora se vende limpio. Y más aún, precocido. Pero yo —maniática— igualmente lo raspo bien para quitarle cualquier vestigio de grasa o pelusa...

EL ARTE DE COCINAR HUEVOS

No se sonría al leer este título, ni crea que es demasiado exagerado. Si entendemos por arte "el poder, eficacia y habilidad para hacer alguna cosa"... ¡huelgan más explicaciones! ¿Nunca protestó su marido (o su tía, la que sabe...) porque la clara de los huevos fritos que hizo se le arrugó como la costa del Peloponeso; o la yema quedó durísima, imposible de ser atacada con un trozo de pan? Este capítulo está pensado para evitar insensibles abucheos. Y para que usted —de una vez por todas— aprenda a hacer sin titubeos las minutas más simples, de la manera más correcta. San Agustín aplaudiría la propuesta: *Hay que aprender cosas útiles, más bien que cosas admirables...* ¡Glup!

HUEVOS FRITOS

- Coloque 2 cucharadas de manteca o 2 cucharadas de aceite en una sartencita individual. Deje que se caliente apenas.
- Casque el huevo en un platito y deslícelo cuidadosamente en la sartén (¡los bordes del plato son un peligro!).
- Salsee el huevo con la manteca o aceite, usando una cucharita, hasta que note que la clara se coagula y a la yema se le forma una fina película opaca.
- Deslícelo en un plato precalentado y sirva enseguida.

Secretitos

- Para calentar los platos, lo más simple es sumergirlos en un recipiente y verter sobre ellos agua hirviendo. Llegado el momento (por supu...) escurrirlos y secarlos. (¡No se queme!)
- Si a usted le gustan los huevos fritos como a mí, con la yema tapada por la clara y ésta toda encrespada y crocante..., caliente al máximo la manteca o aceite indicados. Al echar el huevo en la sartén... ¡todos los vecinos se enterarán de que usted está dándose el gusto!

HUEVOS
PASADOS
POR AGUA

- Lave bien los huevos.
- Ponga a hervir agua en una cacerola.
- Cuando el agua rompa el hervor, eche cuidadosamente los huevos en la cacerola (ayúdese con una cuchara para que no se casquen…).
- A partir del momento en que el agua retoma el hervor, cuente 3 minutos.
- Escúrralos y sírvalos en las copitas especiales.
- O haga como hacía mi mamá cuando éramos chicos: ponga en un vasito o taza cuadraditos de pan con manteca, casque el huevo encima dejando que caiga la yema, blanda. Sazónela con un poco de sal, y con una cucharita vacíe las cáscaras desprendiéndoles la clara, solidificada pero blanda… (usted me entiende). Mezcle y… ¡glup!

Secretitos

Si los sirve en las copitas especiales, apoye cada huevo recién escurrido en cada copita, con la punta hacia arriba (controle que en la mesa haya saleros). Con un cuchillo rebánele la tapa de los sesos… ¡y deje que los comensales lo coman como quieran! Con cucharita… ¡o con tenedor, hundiéndoles trocitos de pan!

HUEVOS
POCHÉS

En castellano básico deberíamos decir "huevos escalfados". Pero como esto me suena a "gato escalfado"… prefiero recurrir nuevamente al francés. ¿De qué se trata? Si no sonara a absurdo yo le diría: huevos fritos en agua. Pero como sabemos que el agua no alcanza nunca la temperatura para freír sino para hervir (100°C), lo correcto sería decir que se trata de huevos sin cáscara hervidos en agua. ¿Que cómo quedan? Envueltos en la clara coagulada, pero conservando la yema blanda. ¿A mi juicio? ¡Los parientes "finoli" de los huevos pasados por agua!

- Ponga en una cacerola abundante agua con sal y un chorro de vinagre.

- Cuando el agua rompa el hervor, hunda en el centro una cuchara y hágala girar, imprimiéndole al agua un movimiento circular para formar un "remolino".
- Casque un huevo en un plato (¡que no se le rompa la yema!) y échelo cuidadosamente en el centro del remolino.
- Baje el fuego y deje hervir el huevo despacito, echándole agua con una cuchara, a fin de que la clara no se disperse y envuelva totalmente a la yema a medida que aquélla se coagula.
- Apenas la clara se ponga opaca, escurra enseguida el huevo (para que la yema no se endurezca) y sumérjalo en agua fría para interrumpir la cocción. Vuelva a escurrirlo sobre un repasador.
- Déle buena forma (pues a veces parecen despeinados…) recortando la clara con un cortapastas de tamaño apropiado.

Secretitos

- El agua donde se cocinan "huevos pochés" debe ser suficiente como para que el huevo "nade" envolviéndose en la clara.
- Una vez agregado el huevo en el agua hay que bajar la llama para que hierva despacio y la clara no se disperse.

Huevos "Mollet"

¡Otra herencia francesa! "Mollet", en francés, significa "blandito". Son una variedad de los huevos pasados por agua. Al igual que éstos, también se hierven con cáscara, pero exigen un poco más de cocción para que la clara quede más consistente y se puedan pelar. Eso sí, la yema debe quedar igualmente blandita.

- Ponga a hervir abundante agua en una cacerola junto con 1 cucharada de sal y otra de vinagre.
- Agregue los huevos, previamente lavados.
- Cocínelos durante 5 minutos. Sumérjalos en agua fría para "cortar" la cocción.

• Escúrralos y quíteles la cáscara cuidadosamente, desprendiéndoselas sin cascarlos, para evitar que se rompan. ¿Entre nosotras? ¡Huevos cocidos a medias, que no alcanzaron a recibirse de huevos duros!

HUEVOS DUROS

• Elija huevos que no tengan "rajaduras".
• Echelos cuidadosamente en agua hirviendo y déjelos hervir 10 minutos.
• Escúrralos y sumérjalos en agua fría para interrumpir la cocción (si el huevo sobrepasa en exceso la cocción, la yema toma un color verdusco).
• Casque suavemente la cáscara sobre la mesa y despréndala cuidadosamente.

Secretitos

• Si quiere que la yema de los huevos duros quede bien centrada al cortarlos, durante la cocción imprímales un movimiento circular (¡no se queme los deditos, por favor!). De tal modo, al girar los huevos, la yema se desplazará hacia el centro del mismo. Eso sí, acuérdese de este truco al principio de la cocción, pues la clara se coagula rápidamente por el calor, y una vez solidificada... ¿quién puede empujarla?
• Si la cáscara de los huevos presenta alguna "rajadura" y no tiene otros para reemplazarlos, emparche la grieta con un trocito de tela adhesiva. ¡Santo remedio! Y, por las dudas, eche un chorro de vinagre en el agua donde los pondrá a hervir.

HUEVOS EN "COCOTTE"

"Cocotte", en francés... (y en términos de cocina) significa, simplemente: cazuela. Se trata de huevos cocidos al horno, en cazuelitas o moldecitos para flan, de tal modo que luego puedan desmoldarse como budincitos. ¡Una especie de huevos pasados por agua y moldeados! Pero como en cocina a los nombres se les da mucha importancia... ¡yo me contagié y volé con mi imaginación a Francia! ¿C'est bien?

- Enmanteque moldecitos individuales para flan (o cazuelitas similares, de cerámica, llamadas cocottes). Adhiérales perejil picadísimo.
- Vierta en cada moldecito un huevo crudo (sin cáscara, por supu...) cuidando —al hacerlo— que la yema no se rompa.
- Cubra la superficie de cada huevo con 1 cucharada (tamaño postre) de crema de leche.
- Sazónelos con sal y pimienta a gusto.
- Tape los moldecitos con papel aluminio y cocínelos a bañomaría en el horno, aproximadamente 10 minutos, o hasta que la clara esté solidificada.
- Desmóldelos cuidadosamente en los platos donde piensa servirlos (la guarnición corre por su cuenta...). O, sírvalos, si lo cree mejor, directamente en las cazuelitas.

Huevos revueltos

Si a usted no le salen las omelettes…, ni le salen las tortillas y… ¡ni siquiera puede hacer huevos fritos sin que se le rompan!…, ¿por qué no se pasa a las filas de los "fracasados ilustres" y se catapulta a la fama haciéndose experta en "huevos revueltos"?…

Vistos desde mi nube, los huevos revueltos no son más que omelettes, tortillas o huevos fritos fracasados… No se inquiete. ¿Sabe lo que decía Samuel Smiles?… *Más cordura nos enseñan nuestros fracasos que nuestros éxitos.*

INGREDIENTES

❏ Huevos, 8
❏ Manteca, 50 g
❏ Sal y pimienta negra, a gusto
❏ Crema de leche, 3 cdas. (optativo… ¡pero a mí me gustan más así!)
❏ Perejil picadísimo, 1 cdita. (optativo)
❏ Tostadas de pan lácteo, 6
❏ Panceta frita y crocante, 12 tajadas (optativo)

PREPARACIÓN

1 Bata los huevos con sal y pimienta a gusto, hasta que la clara no se note (usted sabe…).

2 Derrita la mitad de la manteca y antes de que tome color (la manteca, se entiende…) vierta el batido de huevos en la sartén. Y al revés de lo que ocurre con las omelettes… ¡revuelva y revuelva y revuelva!, hasta que note que el huevo comienza a solidificarse. Entonces cobre coraje y revuelva más rápido, hasta que todo esté convertido en una especie de granulado.

3 Antes de que el granulado se seque, retírelo del fuego y siga revolviéndolo enérgicamente mientras le agrega el resto de la manteca y la crema, hasta obtener unos huevos revueltos bien cremosos.

4 Caliéntelos rápidamente sobre el fuego, siempre revolviendo continuamente, mézcleles el perejil (si quiere…) y sírvalos enseguida sobre las tostadas calentitas. Si quiere agregar un detalle más, cruce la superficie de cada montañita de huevos revueltos con dos tiras de panceta frita y crocante.

VARIANTES

Revuelto de zapallitos

INGREDIENTES

❏ Zapallitos
redondos, 1 kg
❏ Cebolla grande,
picadísima, 1
❏ Aceite, 3 cdas.
(o margarina o
manteca)
❏ Caldo de verdura,
1 cubito
(desmenuzado)
❏ Agua, 1/2 taza
❏ Laurel, 2 hojas
❏ Sal, pimienta y
nuez moscada, a
gusto
❏ Huevos batidos, 6
❏ Queso rallado
(optativo)

PREPARACIÓN

1 Raspe los zapallitos y córtelos en gajos finos.

2 Caliente el aceite (o manteca o margarina) y rehogue la cebolla.

3 Agregue el laurel, los zapallitos, el cubito de caldo desmenuzado y el agua.

4 Tape la cacerola y deje hervir despacito hasta que los zapallitos suelten todo su jugo y se cocinen. Deseche el laurel. Deje cocinar destapado hasta que el jugo apenas sobrenade los zapallitos.

5 Agregue los huevos previamente batidos con sal, pimienta a gusto y nuez moscada (recuerde que el caldito es salado…). Revuelva continuamente hasta que los huevos cuajen y liguen los zapallitos.

6 Sirva enseguida, espolvoreando cada porción —si quiere— con queso rallado.

Revuelto gramajo

INGREDIENTES

❏ Cebolla,
picada, 1
❏ Aceite, 3 cdas.
❏ Jamón crudo,
cortado en
juliana, 50 g

PREPARACIÓN

1 Rehogue la cebolla en el aceite.

2 Agréguele el jamón crudo y saltee unos segundos.

3 Bata los huevos con la crema de leche. Sazone con pimienta (ya habrá tiempo de salar o no…).

❑ Papas fritas
"paille", 2 tazas
❑ Huevos
batidos, 4
❑ Crema de leche,
4 cditas.
❑ Sal y pimienta,
a gusto

4 Agregue este batido en la sartén y revuelva continuamente. Antes de que los huevos cuajen del todo,
agregue las papas fritas y el perejil; mezcle rápidamente para que aquéllas no pierdan su textura crocante.
Pruebe, rectifique o no el sazonamiento (recuerde que
el jamón crudo es salado…) y sirva enseguida.

NOTA

Si lo prefiere, puede reemplazar el jamón crudo por jamón cocido.

INGREDIENTES

❑ Manteca, 60 g
❑ Choclo
desgranado y
escurrido, 1 lata
(o su equivalente
de granos de
choclo fresco,
previamente
hervidos hasta
que estén tiernos)
❑ Morrón verde,
picadito, 1
❑ Morrón rojo,
picadito, 1
❑ Perejil
picadísimo, 1 cda.
❑ Tomate grande,
picadito y con todo
su jugo, 1
❑ Huevos, 6
❑ Sal y pimienta,
a gusto
❑ Tostadas,
si quiere…

*H*uevos revueltos con choclo

PREPARACIÓN

1 Derrita la manteca y
rehogue los morrones.

2 Agregue el
choclo, el perejil y el
tomate.

3 Siga cocinando y
revolviendo de vez en
cuando hasta que se
forme una salsa
espesita.

4 Bata los huevos y
vierta en la sartén.

5 En cuanto los
huevos aspiren a
convertirse en
omelette, empuñe el
tenedor y revuelva
enloquecidamente
—pero con ritmo—
hasta ligar todo y
lograr una
consistencia
cremosa.
Sazone a
gusto con sal
y pimienta.

6 Sirva
enseguida apilando
sobre tostadas.

OMELETTES Y TORTILLAS

No sé por qué a las tortillas se las consideró las "parientes pobres" de las omelettes... Tal vez porque a éstas su acento francés les da cierto status. Creo que Goethe estaba en lo cierto al decir: *Ponte una peluca sobre millones de rizos, cálzate el pie con chapines de un codo de alto, que no por eso dejarás de ser siempre lo que eres...* Esta verdad tiene perfecta cabida en la cocina: llámense "omelettes" o llámense "tortillas", ambas, en esencia, tienen el mismo origen: un batido de huevos enriquecido con diversos ingredientes. ¿La diferencia? El modo de vestirse: en las tortillas siempre los ingredientes van mezcladitos con el batido de huevos. En las omelettes, constituyen su "relleno". Y el modo de cocinarlas: las omelettes se cocinan de un solo lado (de abajo); las tortillas, en cambio, una vez doradas de un lado se dan vuelta con ayuda de una tapa para deslizarlas de nuevo en la sartén y dorarlas del otro lado. Las "francesas" prefieren como medio de cocción la manteca; y las "españolas"... ¡el aceite!

Siempre se me ocurrió pensar que las omelettes tenían alma de panqueque distraído (sin leche ni harina) o de tortilla dormilona (sin ganas de darse vuelta en la sartén). Pero lo cierto es que son una solución fabulosa para hacer en tiempo récord y sorprender a los invitados gratamente por el relleno que encierran (champiñones, camarones, crema y roquefort...) o por las "fines hêrbes" con que se le haya ocurrido perfumar el batido. Unica recomendación para arrancar aplausos: presentarlas en forma individual y doblarlas por la mitad dejando asomar el relleno; o enrollarlas planteando sugestivos interrogantes a los comensales. Diría Voltaire: *El hombre ha nacido para vivir entre las convulsiones de la inquietud o en la letargia del aburrimiento.* ¡Vivan las omelettes!

Omelette
(Receta básica)

INGREDIENTES
(para 1 porción)

❏ Huevos, 2
❏ Leche o crema de leche, 2 cditas.
❏ Sal y pimienta, a gusto
❏ Manteca, 2 cdas.

PREPARACIÓN

1 Bata los huevos con la leche o crema hasta que la clara no se note (usted me entiende…).

2 Sazone el batido con sal y pimienta a gusto.

3 Derrita la manteca en una sartén (de 16 o 18 cm) hasta que tome color avellana (¡que no se le queme!).

4 Vierta de golpe el batido de huevos en la sartén y muévala constantemente sobre fuego fuerte, mientras simultáneamente levanta los bordes de la omelette con un tenedor para que el batido de huevos escurra hacia el fondo y se cocine rápidamente, sin riesgo de que la parte de abajo se queme.

5 Cuando la superficie de la omelette se note cocida pero apenas húmeda (o demasiado húmeda, si le gusta "babeuse"…) márquela por la mitad con una espátula (suavemente, para no cortarla en dos), coloque sobre una mitad el relleno que haya elegido, dóblela como si fuera a hacer una empanada (una empanada con la boca abierta… ¡bah!), deslícela sobre un plato precalentado y sirva enseguida. O manténgalas, tapadas, al calor del horno muy suave.

OTRA FORMA DE SERVIRLA
En lugar de doblarla, ponga el relleno en forma de cordón sobre un borde de la omelette (antes de que se seque) e ingéniese para enrollarla, como si fuera un panqueque. Una vez bien "sellado" el borde libre, deslícela en el plato y sirva.

Algunas sugerencias
para rellenar omelettes

Relleno de champiñones

1 Derrita 50 gramos de manteca en una sartén y rehogue en ella 1 cucharadita de cebolla de verdeo (parte verde, solamente) bien picadita.

2 Agréguele el contenido de una latita de champiñones, bien escurridos y cortados en tajaditas.

3 Saltéelos unos instantes y espolvoréelos con 1 cucharada de harina. Mezcle bien.

4 Agréguele el líquido de los champiñones y la crema de leche necesaria como para formar una salsa espesita.

5 Retire del fuego y sazone a gusto con sal, pimienta, perejil picado y queso rallado.

Relleno de puntas de espárragos

1 Hierva un atado de espárragos y córtele solamente las puntas tiernas.

2 Saltéelas en una cucharada de manteca.

3 Mézclele 1/4 de taza de salsa blanca espesa, 1 yema y 1 cucharada gorda de queso rallado.

4 Sazone con sal, pimienta y nuez moscada.

Relleno de atún

1 Escurra y desmenuce el contenido de una lata chica de atún en aceite. Mézclela con 2 cucharadas de cebollita picada y rehogada en manteca, 1 cucharadita de perejil picado y 1 morrón al natural cortado en cuadraditos. Ligue con crema de leche batida espesa y sazone con pimienta negra.

Relleno de pollo

1 Mezcle 1 taza de pollo cocido (sin piel ni indeseables) bien picadito a cuchillo, con 1 cucharada de cebolla picadita y rehogada, 1/2 taza de aceitunas verdes picadas, 1/3 de taza de blanco de apio blanqueado y picadito, 1 morrón al natural en cuadraditos y el queso crema necesario para unir.

2 Sazone con sal, pimienta y un poco de pimentón.

Omelette de fines hêrbes

INGREDIENTES

- ❏ Huevos, 2
- ❏ Crema de leche, 3 cditas. (o leche)
- ❏ Sal y pimienta negra recién molida, a gusto
- ❏ Hierbas frescas picadísimas: estragón, ciboulette, perejil (las que a usted realmente le gustan…), 2 cditas.
- ❏ Echalotes picados, 2 cdas.
- ❏ Manteca, 1 cda. y cantidad extra para cocinar la omelette
- ❏ Coñac, 1 medida (30 cc)
- ❏ Fécula de maíz, 1/2 cdita.
- ❏ Queso gruyère rallado grueso, 1 cda.

PREPARACIÓN

1 Rehogue los echalotes picaditos en 1 cucharada de manteca. Agrégueles el coñac e incéndielos. Apague las llamas con 1 cucharadita de crema de leche y espese todo con la media cucharadita de fécula de maíz diluida en un poco de agua o leche.

2 Prepare la omelette como de costumbre en 2 cucharadas de manteca, mezclando los huevos batidos con las 2 cucharaditas de crema, las 2 cucharaditas de hierbas finas picaditas y sal y pimienta a gusto.

3 Cuando esté la superficie "babeuse" (salvo que algún comensal exija otro punto de cocción…) extienda el relleno de echalotes en un borde de la omelette, enróllela y sirva enseguida, espolvoreándola con el gruyère rallado.

Omelette al ron

("Tortilla quemada"… ¡bah!)

INGREDIENTES

- ❏ Manteca, 70 g
- ❏ Huevos, 6
- ❏ Crema de leche, 6 cditas.
- ❏ Azúcar, 1 cda. y cantidad extra
- ❏ Ron, cantidad necesaria
- ❏ Azúcar, un terroncito
- ❏ Alcohol, 1 cdita.

PREPARACIÓN

1 Bata los huevos con la crema y la cucharada de azúcar hasta que la clara no se note (usted me entiende…).

2 Derrita la manteca.

3 Cuando la manteca esté bien caliente (pero sin que tome color) vierta en la sartén el batido de huevos y cocine la omelette como de costumbre. Enróllela y deslícela a una fuente precalentada.

4 Cúbrala con azúcar molida y queme el azúcar con una planchita de hierro para acaramelarla bien.

5 En el momento de servirla, rocíe la omelette con una copa de ron, moje el terroncito de azúcar en el alcohol fino, escóndalo en algún lugar de la fuente (pues es una forma clandestina de asegurarse el incendio) y préndale fuego; lleve a la mesa en llamas.

Tortilla de papas
(Receta básica)

¿Que cómo debe hacer para obtener una tortilla de papas así de alta? Simplemente… ¡una cuestión de cálculo! Elija la sartén de tamaño tal que la preparación, una vez vertida en ella, alcance la altura que usted desee. *Donde la fuerza no alcance… ¡llegue la astucia!* (Metastasio). ¡Glup!

INGREDIENTES

- Papas fritas a la española (redondas) de 3 mm de espesor y no muy doradas, 1/2 kg
- Huevos, 6
- Leche, 6 cditas.
- Sal y pimienta, a gusto
- Perejil picadísimo, 1 cdita. panzona
- Aceite, para cubrir el fondo de la sartén

PREPARACIÓN

1 Elija una sartén de 22 cm de diámetro (o más chica, si quiere una tortilla más alta…) y cubra el fondo con aceite, formando una capa de 2 mm de espesor.

2 Bata los huevos con el perejil, la leche, sal y pimienta a gusto.

3 Mézclele las papas fritas. Estas deben quedar generosamente ligadas con los huevos. (Si compró huevos de gallinas subdesarrolladas, no vacile en agregar una unidad más al batido…)

4 Caliente muy bien el aceite que puso en la sartén.

5 Cuando el aceite esté re-caliente, eche el "pasticcio" anterior.

6 Mueva constantemente la sartén pinchando la preparación con un tenedor y levantando los bordes de la tortilla, para que el batido de huevos se distribuya en forma pareja.

7 Cuando la superficie de la tortilla esté cocida pero húmeda, enmanteque una tapa plana, apóyela sobre la sartén, acerque un plato para recoger el juguito, esconda la panza para no quemarse… ¡y dé vuelta la tortilla sobre la tapa!

8 Vuelva a colocar la sartén sobre el fuego, deslice la tortilla y el juguito nuevamente en ella y termine de dorarla del otro lado. ¿Vio qué fácil? ¡Listo!

*T*ortilla de espinacas

Fórmula básica para preparar con otras verduras: corazones de alcauciles, arvejas, chauchas, puntas de espárragos, berenjenas, etcétera.

INGREDIENTES

❏ Espinacas (sin los tallitos) hervidas y re-que-te-exprimidas, 2 tazas
❏ Dientes de ajo, triturados y rehogados, 2
❏ Cebolla picadísima y rehogada, 2 cdas.
❏ Orégano, 1 cdita.
❏ Miga de pan, remojada en leche, exprimida y picada, 1 taza (o en su reemplazo, ricota bien exprimida)
❏ Queso rallado, 2 cdas.
❏ Sal, pimienta y nuez moscada
❏ Huevos batidos, 6
❏ Aceite o manteca, para freír la tortilla

PREPARACIÓN

1 Mezcle en un bol las espinacas bien picaditas (no use procesadora), el ajo rehogado, la cebolla rehogada, el orégano, la miga de pan (o ricota) y el queso rallado. Mezcle y sazone a gusto con sal, pimienta y nuez moscada.

2 Unale los huevos batidos.

3 Caliente suficiente manteca o aceite en una sartén, vierta en ella la mezcla y cocine la tortilla como de costumbre, dorándola de ambos lados.

*T*ortilla de manzanas o bananas

Una rápida solución para improvisar un postre. Podrá hacerla tanto con manzanas como con bananas o alguna otra fruta fresca o envasada que no sea jugosa, como por ejemplo duraznos al natural cortados en tajaditas.

Ingredientes
(para 1 tortilla individual)

❑ Yema, 1
❑ Azúcar, 1 cda. al ras
❑ Leche, 1 cda.
❑ Harina, 1 cda. al ras
❑ Ralladura de limón, 1 cdita.
❑ Manzana chica, pelada y cortada en rodajitas, 1
❑ Clara batida a nieve, 1
❑ Manteca, 1 cda. gordita
❑ Azúcar molida, para espolvorear

Preparación

1 Bata en un bol la yema junto con el azúcar, la leche, la harina y la ralladura de limón.

2 Mézclele las rodajitas de manzana.

3 Unale suavemente la clara batida a nieve.

4 Derrita la manteca hasta que tome color avellana.

5 Vierta el batido en la sartén y muévala constantemente hasta que se note cocida y crocante de abajo.

6 Déla vuelta con una tapa enmantecada.

7 Deslícela en la sartén sin desperdiciar nada del batido que posiblemente le quedará adherido a la tapa.

8 Continúe la cocción del otro lado. Vuelva a darla vuelta para dorar cualquier rastro de batido que hubiera caído en la superficie. Deslice en un plato, espolvoree con azúcar molida y sirva enseguida.

PANQUEQUES Y BUÑUELOS

En la cocina —como en la vida— a veces tenemos que tomar distancia de los nombres para poder descubrir su verdadera personalidad. Aparentemente los panqueques y los buñuelos no tienen ningún rasgo de parentesco. Sin embargo, si analizamos sus fórmulas, todos tienen en común una misma pasta integrada por harina, leche y huevos. A partir de allí surgen las variantes: distinta proporción de harina, reemplazo de la leche por cerveza…, adición de las claras batidas a nieve, agregado de frutas cortadas en trozos…,

reemplazo de la harina común por harina leudante, o fécula de maíz…, agregado de levadura prensada… Pero, en esencia, el punto de partida es siempre una pasta semiespesa. ¿Dónde está la diferencia, entonces? En el método de cocción: los panqueques se cocinan en panquequera eléctrica, sartén de teflón o sartén apenas lubricada con aceite o manteca. Los buñuelos, en cambio, se fríen en abundante aceite. Aquéllos, cuanto más planos y dorados, mejor. Estos, cuanto más inflados y esponjosos… ¡más ricos!

Panqueques
(Receta básica)

INGREDIENTES

- Leche fría, 1 taza
- Harina, 1 taza
- Sal, un poquitito así
- Huevos, 2
- Manteca derretida, 1 cda.
- Manteca natural, cantidad necesaria para cocinarlos

PREPARACIÓN

Ponga en el vaso de la procesadora todos los ingredientes.
Procéselos hasta obtener una mezcla bien lisita. Vuelque en un bol.

Si usa panquequera eléctrica:

- Vierta la pasta (o parte de la pasta) en el plato que trae la panquequera (o si no se lo dieron, como a mí… ¡en un plato playo de tamaño adecuado!).
- Enchufe la panquequera y caliéntela hasta que se

apague la lucecita roja del mango (señal de que se interrumpió la corriente).

• Apoye la superficie de la panquequera sobre la pasta de panqueques, en forma horizontal y sin hundirla demasiado. Escurra la panquequera sosteniéndola unos segundos en forma vertical... ¡y vuélvala a su posición normal!

• En cuanto note que la superficie del panqueque comienza a secarse, despegue cuidadosamente los bordes del panqueque con una espátula de madera y, con sus deditos, dé vuelta el panqueque para dejarlo sobre la panquequera apenas 3 segundos para que se cocine del otro lado.

• A medida que haga los panqueques apóyelos sobre separadores de freezer. Si los llega a apilar sin tener en cuenta este detalle... ¡Buáaa! ¡Ni su suegra tendrá fuerzas suficientes para separarlos!

• Los panqueques hechos con esta técnica no precisan manteca y resultan bien finitos. Son ideales para armar canelones.

Si usa el método tradicional:

• Use sartencitas individuales o sartén mediana, para facilitar su manejo.

• Coloque un trocito de manteca en la sartén elegida y caliéntela bien hasta que tome color avellana.

• Eche en la sartén una cantidad suficiente de pasta como para cubrir el fondo de la misma en un espesor de 1 mm. Apenas eche el cucharoncito de pasta, haga girar la sartén en el aire para que la pasta se extienda en forma circular.

• Mueva la sartén sobre el fuego encendido al máximo, hasta que la superficie del panqueque comience a secarse.

• Tome una espátula, despegue el panqueque si fuera necesario, y délo vuelta.

• Cocínelo unos instantes del otro lado y deslícelo sobre un plato. Siga haciendo del mismo modo más panqueques, enmantecando cada vez la sartén.

• A medida que los haga, vaya apilándolos (sin ningún papel como intermediario...) hasta terminar con la pasta.

NOTA

Si sirve los panqueques como postre, puede aromatizar la pasta con esencia de vainilla, ralladura de limón, de naranja o licores, y al hacer la pasta agregarle 1 cucharada de azúcar. Si los sirve como comida puede aumentar la cantidad de sal, sazonar con pimienta y agregar el sazonamiento que desee: hierbas aromáticas picaditas, curry, jugo de cebolla, etcétera.

Crêpes
(Panqueques franceses)

INGREDIENTES

❏ Azúcar,
2 y 1/2 cdas.
❏ Harina, 4 cdas.
❏ Huevos, 3
❏ Sal, un poquitito
así
❏ Leche, 1/2 taza
❏ Esencia de
vainilla,
o en su lugar,
ralladura de limón
o naranja, a gusto

PREPARACIÓN

1 Ponga todos los ingredientes en el vaso de la licuadora o procesadora.

2 Procese o licue hasta obtener una pasta bien lisita.

3 Haga los panqueques en la sartén, como de costumbre, calentándola al máximo y enmantecándola bien.

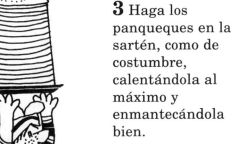

*G*riddle cakes

(Panqueques ingleses, así de gorditos)

INGREDIENTES

- ❏ Huevo, 1
- ❏ Yogur natural
(o de vainilla,
si los sirve dulces),
1 pote
- ❏ Manteca
derretida, 2 cdas.
- ❏ Harina, 1 taza
- ❏ Polvo para
hornear, 1 cdita.
- ❏ Bicarbonato de
sodio, 1/2 cdita.
(tamaño café)
- ❏ Sal,
un poquitito
así

PREPARACIÓN

1 Licue o procese todos los ingredientes.

2 Caliente bien una plancha de hierro lisa, enmantéquela ligeramente y vierta

en ella cucharaditas de la pasta, sosteniendo la cuchara bien vertical para que aquélla caiga en forma circular. (Si no tiene plancha de hierro... ¡use la sartén de todos los días!)

3 En cuanto la superficie de los panquequitos se note porosa, délos vuelta con una espátula, para dorarlos rápidamente del otro lado.

4 Vaya apilándolos a medida que los cocine, así se mantienen calentitos.

5 Estos panqueques se sirven planos, sin arrollar, rociados con miel y nueces; o con distintos rellenos dulces o salados, apilados en el centro.

Panqueques de manzanas (o bananas)

INGREDIENTES

❑ Pasta básica
para panqueques
finitos, 1/2 de la
cantidad indicada
en la pág. 55
❑ Manteca, 50 g
❑ Manzana
grande, pelada,
sin semillas y
cortada en rodajas
transparentes, 1
❑ Azúcar, cantidad
necesaria

PREPARACIÓN

1 Bata la pasta de panqueques hasta que haga globitos.

2 Derrita la manteca en una sartén de diámetro similar a un plato playo.

3 Cuando la manteca esté bien caliente, vierta en la sartén la mitad de la pasta y hágala girar para que se distribuya en forma pareja.

4 Sin pérdida de tiempo, pegue en la pasta todas las rodajitas de manzana, mientras mueve constantemente la sartén para que el panqueque no se queme del lado de abajo.

5 Vierta sobre las manzanas el resto de la pasta mientras sigue moviendo la sartén hasta que la superficie del panqueque comience a secarse.

6 Dé vuelta el panqueque como una tortilla, ayudándose con una tapa previamente bien enmantecada (para que no se peguen las manzanas a la misma).

7 Ingéniese para sostener con una mano el panqueque sobre la tapa y con la otra cubrir con azúcar molida el fondo de la sartén.

8 Deslice el panqueque sobre el azúcar molida y continúe moviendo la sartén sobre el fuego, hasta que note que el azúcar se funde y acaramela.

9 Tenga a mano el número del Instituto del Quemado y vuelva a dar vuelta la tortilla —esta vez más cuidadosamente— sobre la tapa bien enmantecada.

10 Cubra la sartén con otra capa fina de azúcar y deslice el panqueque. Mueva la sartén constantemente hasta que por los costados del panqueque asome el azúcar, acaramelada (¡pero no quemada, please!...).

11 Deslice el panqueque en una fuente previamente enmantecada pues de lo contrario... ¡no podrá despegar ni una porción!

NOTA

Si lo desea, en el momento de servir el (o los) panqueque, rocíelo con coñac, préndale fuego y llévelo encendido a la mesa. Otra sugerencia: servir cada uno con una bocha de helado de crema americana plantada en el centro.

Pasta básica
para buñuelos salados

INGREDIENTES

❏ Verduras cocidas
y en trozos; o
verduras de hoja,
picadas en crudo;
o hervidas, muy
exprimidas y
picadas, 1 taza
❏ O carne de vaca
o pollo, cocida,
picada y bien
sazonada, 1 taza
❏ Yema batida, 1
❏ Harina leudante,
1 cda.
❏ Soda de sifón y
leche, partes
iguales,
1/3 de taza en
total
❏ Sal, pimienta y
nuez moscada, a
gusto
❏ Queso rallado,
1 cda.
❏ Clara batida a
nieve, 1

PREPARACIÓN

1 Mezcle la yema con
la harina, la leche, la
soda de sifón y el
queso rallado.

2 Sazone a gusto con
sal, pimienta y nuez
moscada.

3 Mézclele la verdura
elegida.

4 En el momento de
hacer los buñuelos,
únale suavemente la
clara batida
a nieve.

5 Fría los buñuelos
como de costumbre,
en abundante aceite
bien caliente, hasta
dorar de ambos lados.
Escúrralos sobre
papel absorbente y
sirva enseguida.

*P*asta básica para buñuelos dulces

INGREDIENTES

- Manzanas, cortadas en rodajas finas (peladas y sin semillas), 2
- Jugo de limón, para rociarlas
- Harina común, 125 g
- Cerveza blanca, 1/2 taza
- Aceite, 1 cda.
- Yema, 1
- Azúcar, 2 cdas. y cantidad extra para espolvorear (omitir y reemplazar por sal y pimienta, si se trata de buñuelos salados)
- Clara batida a punto de nieve, 1
- Aceite, para freír

PREPARACIÓN

1 Rocíe las tajadas de manzana con el jugo de limón.

2 Ponga la harina en un bol y agréguele de a poco la cerveza, mezclando cuidadosamente para no eliminar las burbujas.

3 Mézclele el aceite, la yema y el azúcar (o los condimentos).

4 Deje reposar 15 minutos o hasta que se decida a hacer los buñuelos.

5 En el momento de utilizarla, únale suavemente la clara batida a nieve.

6 Caliente suficiente aceite en una sartén.

7 Hunda las tajadas de manzana en la pasta y fríalas por cucharadas dándolas vuelta una vez para dorar los buñuelos de ambos lados.

8 Escúrralos sobre papel absorbente, espolvoréelos con azúcar y sirva enseguida.

PASTAS CASERAS

Posiblemente usted leerá este título y olímpicamente me mandará al diablo. ¿A quién se le puede ocurrir amasar pastas en una época en que cómodamente se pueden comprar pastas frescas o empaquetadas al mejor estilo casero? Yo sé lo que digo… Cuando uno menos lo piensa siempre salta un marido nostálgico por "la pasta que hacía mamá o la tía Antonia o la abuela María".

Por otra parte… ¿sabe qué bueno es aprender a amasar pastas para descargar todas las broncas acumuladas durante la semana? Cuanto más golpee y amase los ingredientes… ¡más livianos resultarán los fideos! Y más calmos quedarán sus nervios.
De todos modos, aunque no me haga caso… ¿no le parece que la lectura de este capítulo enriquecerá sus conocimientos?

Masa básica para hacer tallarines

INGREDIENTES

❑ Harina, 1/4 kg y cantidad extra
❑ Sal, 1 cdita.
❑ Aceite, 1 cda.
❑ Huevos, 4

PREPARACIÓN

1 Ponga la harina sobre la mesa en forma de anillo.

2 Coloque en el centro los huevos, la sal y el aceite.

3 Una todos los ingredientes sin ningún otro agregado, hasta obtener un bollo. Agregue más harina si hiciera falta.

4 Amase el bollo enérgicamente con los puños, como si realmente quisiera descargar todas sus mufas. Estírela y enrósquela, estírela y enrósquela… hasta que se transforme en un bollo liso y elástico. ¡Claro que lo logrará! *Creer es vencer…*

5 Corte el bollo por la mitad y fíjese si el interior está poroso. ¿Sí? ¡Alégrese! La masa está suficientemente aireada como para alcanzar el éxito. Si, por el contrario, no tuviera ningún "agujerito", vuelva a estirarla y enrollarla sobre sí misma hasta lograrlo.

6 Divida la masa en 3 o 5 bollitos, tápelos con un lienzo y déjelos descansar sobre la mesa 1/2 hora.

Cómo estirar y cortar los tallarines

1 Estire cada bollito por separado, enharinando al mínimo el palote y la mesa. Deje la masa lo más finita posible.

2 Coloque las hojas de masa sobre un mantel enharinado, sin encimar. Deje que se "oreen" (sequen ligeramente). Si no las deja "orear", al cortar los tallarines éstos se pegotearán y usted se sentirá una fracasada. Y si los deja secar demasiado… ¡peor! Al enrollar la masa se le quebrará y romperá en mil pedazos.

3 Una vez oreadas las hojas de masa, espolvoréelas con un poco de harina y enróllelas por separado, como si armara un pionono.

4 Corte el rollo en tajadas finitas (o más gruesas, si quiere hacer "cintitas").

5 Una vez cortados los tallarines, levántelos con ambas manos y hágalos saltar en el aire para que se desenrollen solos.

Cómo cocinar pastas

1 Utilizar siempre abundante agua adicionada con sal, a la que se habrá agregado un chorrito de aceite para que los fideos no se pegoteen. El agua abundante es fundamental, especialmente para las pastas caseras, pues generalmente tienen mucha harina adherida.

2 Echar la pasta recién cuando el agua esté hirviendo.

3 Escurrirlas cuando la pasta comience a ponerse translúcida. El mejor método para comprobar la cocción es probar la pasta: si ofrece resistencia al morderla... ¡listo! Habrá conseguido una "pasta al dente". El éxito será total... ¡salvo que a sus invitados les guste la pasta recocida!

4 Colarla enseguida y, para interrumpir la cocción, "refrescarla" bajo el chorro de la canilla.

5 Si no se condimenta enseguida con la salsa, rociarla con un poco de aceite y mezclar, para evitar que se pegotee.

Masa básica para canelones, lasañas, ravioles o capelettis

- Harina, 1/4 de kg
- Huevos, 2
- Sal, 1 cdita.
- Agua, cantidad necesaria

PREPARACIÓN

1 Trabaje la masa igual que la masa de los tallarines, pero una los ingredientes agregando el agua que sea necesaria.

Lasañas o canelones

1 Estire la masa finita, por partes.

2 Córtela en tiras de 10 a 12 cm de ancho.

3 Subdivídalas en rectángulos de 12 x 8, si va a hacer canelones; o un poco más largos, pero no demasiado, si va a hacer lasañas.

4 Para cocinarlas, échelas de a poco por vez en abundante agua hirviendo con sal y un chorrito de aceite.

5 En cuanto la masa esté translúcida, escúrrala cuidadosamente con una espumadera y sumérjalas en otra cacerola que contenga agua fría abundante, así no se pegotean entre sí.

6 Otra forma más onerosa es, a medida que escurre las lasañas o los canelones, apoyarlos (sin encimar) sobre la mesada espolvoreada con queso rallado.

Cómo armar ravioles

1 Róbele a su marido las hojas tamaño oficio que usa para escribir a máquina.

*O*melette relleno de espárragos, pág. 49.

Lasañas a la napolitana, pág. 70.

Distintos cortes de papas fritas, pág. 82.

Puchero, pág. 93.

2 Espolvoree con harina una hoja y estire sobre ella un bollito de masa de modo que resulte finita y del tamaño de dicha hoja (recorte los excedentes de los bordes).

3 Estire del mismo modo otro rectángulo de masa, sobre otra hoja enharinada.

4 Unte una de las hojas de masa con el relleno que haya preparado.

5 Deslice sobre el relleno, ayudándose con la hoja, la otra masa estirada.

6 Espolvoree el papel con harina y presione suavemente con el palote.

7 Marque los ravioles con el marcador especial, enharinado y con todas sus fuerzas.

8 Corte por las líneas marcadas con la ruedita dentada, pero no separe los ravioles. Déjelos en las hojas donde los armó, para facilitar luego la manipulación cuando los tenga que hervir.

9 Para cocinarlos, sumerja las hojas —es una forma— en abundante agua salada hirviendo, adicionada con un chorro de aceite; en contacto con el agua los ravioles se desprenderán enseguida del papel sin deformarse (deseche el papel, por supu...).

10 Déjelos hervir hasta que la masa transparente el relleno.

11 Escúrralos, refrésquelos bajo la canilla y mezcle con la salsa elegida.

APLICACIONES
Ravioles de carne

INGREDIENTES

❏ Seso, 1
❏ Carne cocida,
pasada dos veces
por la máquina de
picar, 3 tazas
❏ Espinacas
hervidas, muy
exprimidas y
picaditas,
2 tazas
❏ Queso rallado,
1 taza
❏ Cebollas bien
picaditas, 2
❏ Manteca, 2 cdas.
❏ Sal, pimienta,
nuez moscada
y orégano,
a gusto
❏ Huevos, 2 ó 3
❏ Masa de ravioles,
ver receta
básica (ver pág. 66)

Varios
❏ Salsa de tuco, a
gusto (ver pág.
114)
❏ Aceite, 4 cdas.
❏ Queso rallado,
a gusto

PREPARACIÓN

1 Limpie bien el seso.
Luego hiérvalo en agua
con sal y píquelo
finamente.

2 Rehogue la cebolla
en la manteca.

3 Mezcle el seso con la
carne cocida, las
espinacas picadas, el
queso rallado y la cebolla
rehogada.

4 Sazone a gusto con
sal, pimienta, nuez
moscada y orégano.

5 Ligue con los huevos
hasta obtener una
pasta que pueda
extenderse fácilmente.

6 Estire la masa de
ravioles por partes,
dejándola bien finita.
Arme los ravioles con
el relleno preparado,

según explicamos en
págs. 66 y 67.

7 Hiérvalos en
abundante agua salada.

8 Una vez a punto y
escurridos, mézclelos
con aceite para que no
se pegoteen.

9 Acomódelos en una
fuente, cúbralos con
tuco (o la salsa que
prefiera) y sirva
espolvoreándolos
con abundante queso
rallado.

NOTA
Este relleno puede enriquecer su sabor con el agregado de
100 gramos de hongos secos remojados en agua tibia, escurridos y bien picaditos.

Tallarines a la Parisién

INGREDIENTES

❏ Tallarines "al dente", 250 g
❏ Jamón cocido, en tajadas, 200 g
❏ Supremas de pollo, hervidas y cortadas en tiritas, 4
❏ Queso fresco, cortado en daditos, 200 g
❏ Queso rallado, cantidad necesaria
❏ Salsa blanca mediana, 3/4 l
❏ Crema de leche, 200 g
❏ Sal, pimienta y nuez moscada, a gusto
❏ Manteca o margarina, en trocitos, 50 g

PREPARACIÓN

1 Mezcle la salsa blanca con la crema de leche y sazónela a gusto con sal, pimienta y nuez moscada.

2 Enmanteque generosamente una fuente profunda que pueda ir al horno.

3 Rellénela con capas alternadas de tallarines, queso rallado, jamón cocido picado grueso, daditos de queso fresco, tiritas de pechuga cocida y salsa blanca.

Cuando agregue la capa de salsa, hunda con el tenedor las capas de los ingredientes para que la salsa escurra hasta el fondo. Termine con una capa de tallarines y salsa.

4 Espolvoree la superficie con queso rallado y salpique con trocitos de manteca o margarina.

5 Gratine en horno bien caliente.

NOTA

En lugar de poner los ingredientes en capas, también puede mezclarlos en un bol y luego pasarlos a la fuente para gratinar.

Lasañas a la Napolitana

INGREDIENTES

❑ Lasañas, cocidas, cantidad indicada en receta básica, (ver pág. 66)
❑ Margarina, 50 g y cantidad extra
❑ Carne de ternera picada, 300 g
❑ Cebolla picada, 1 taza
❑ Carne de cerdo picada, 300 g
❑ Perejil picado, 1 cda.
❑ Huevos, 2
❑ Queso rallado, cantidad necesaria
❑ Sal y pimienta, a gusto
❑ Harina, cantidad necesaria
❑ Aceite, cantidad necesaria
❑ Laurel, 1 hoja
❑ Tomates al natural, 2 latas
❑ Caldo de verduras, 2 cubitos
❑ Vino blanco seco, 1 taza
❑ Agua, cantidad necesaria

PREPARACIÓN

1 Rehogue 1/2 taza de cebolla en la margarina.

2 Retire del fuego y mezcle con la carne de cerdo, la carne vacuna, el perejil y 1/2 taza de queso rallado.

3 Sazone con sal y pimienta a gusto.

4 Ligue con los huevos mientras amasa todo con las manos.

5 Haga con esta pasta albondiguitas miniatura (del tamaño de avellanas) y rebócelas por harina.

6 Vierta en una sartén suficiente aceite, caliéntelo bien y fría las albondiguitas hasta dorarlas. Escúrralas.

7 Vierta el aceite en una cacerola hasta alcanzar un espesor de 3 milímetros.

8 Rehogue en este aceite la media taza de cebolla restante.

9 Agregue el laurel y los tomates, con todo su jugo (picaditos).

10 Incorpore los cubitos de caldo, 1 taza de agua y el vino.

11 Hierva despacio, con la cacerola destapada, hasta que la salsa espese.

12 Agréguele las albondiguitas y la cucharada de conserva previamente diluida en 1/2 taza de agua.

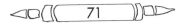

❏ Conserva de tomates, 1 cda.
❏ Orégano, 1 cdita.

Varios
❏ Queso fresco, cortado en trocitos, 300 g
❏ Salsa blanca espesa, 1 taza
❏ Queso rallado y trocitos de manteca

13 Continúe la cocción hasta que se forme una salsa espesita.

14 Pruebe y rectifique el sazonamiento con sal y pimienta.

15 Agregue el orégano.

Armado de la fuente

1 Unte con margarina una fuente grande y profunda para horno; espolvoréela con queso rallado.

2 Tapice el fondo con una capa de lasañas cocidas.

3 Espolvoree las lasañas con queso rallado y cubra con un cucharón del tuco con albondiguitas.

4 Distribuya sobre la salsa trocitos de queso fresco.

5 Tape con otra capa de lasañas.

6 Repita la operación hasta terminar con una capa de lasañas.

7 Extienda la salsa blanca sobre la superficie.

8 Espolvoree con queso rallado, salpique con trocitos de margarina y gratine en horno bien caliente.

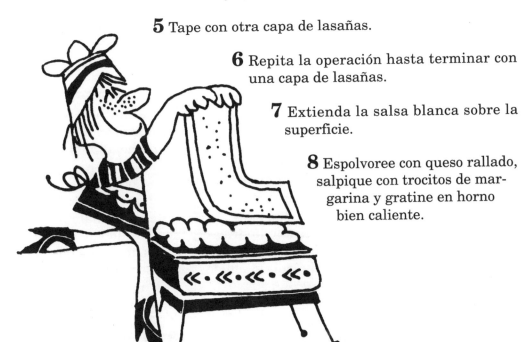

Ñoquis de papa

❏ Papas, 1/2 kg
❏ Manteca, 50 g
❏ Queso rallado, 3 cdas.
❏ Huevo, 1
❏ Sal y pimienta, a gusto
❏ Harina, cantidad necesaria.

PREPARACIÓN

1 Hierva las papas con cáscara, pélelas y tamícelas sobre la mesa.

2 Haga un hueco en el centro y coloque en él el huevo, la manteca, el queso rallado y sal y pimienta a gusto.

3 Una todo rápidamente.

4 Mida igual volumen de harina (una montaña igual que la del puré obtenido) y únala a lo anterior hasta formar un bollo liso y tierno.

5 Divida la masa en porciones y amáselas sobre la mesa enharinada dándoles forma de tiras cilíndricas del tamaño que quiera hacer los ñoquis (1 cm de diámetro).

6 A medida que las moldea, corte las tiras en trocitos y marque los ñoquis con el marcador especial o con un tenedor, bien enharinado. Para esto… ¿cómo diablos le explico? Tome un trocito de masa, bien enharinada, apóyelo sobre la tablita o el tenedor sostenido como si fuera un tobogán y, presionando el trocito de masa con el pulgar, hágalo rodar a lo largo del marcador elegido, enroscándolo como un rulo.

7 Marque así todos los ñoquis, haciéndolos caer sobre hojas de papel.

8 Cocínelos en abundante agua con sal (a la que habrá agregado un chorrito de aceite) hasta que floten, el agua retome el hervor y, al probarlos, se noten cocidos.

9 Sírvalos con la salsa de su preferencia.

PIZZAS Y PANCITOS

La pizza es uno de los grandes vicios argentinos. Soy consciente de que existe una fuerte industria de prepizza (algunas excelentes) así como también innumerables servicios de "pizzas a domicilio" que, a un solo golpe de teléfono, aterrizan listas para ser devoradas.

Pero como este libro está dedicado a las fanáticas de la cocina casera; y como hacer pizza es facilísimo… ¡aquí les daré todos mis secretos!
Y cómo, con recortes de la misma masa, podrán fabricar unos excelentes pancitos.

Receta básica de masa para pizza o fugazza

INGREDIENTES

❑ Levadura prensada, 50 g
❑ Azúcar, 1 cdita.
❑ Harina, 4 tazas y 1 cda.
❑ Sal, 1 cda.
❑ Agua tibia, 1/2 taza
❑ Aceite, 3 cdas.
❑ Leche tibia, 1/2 taza, aproximadamente

PREPARACIÓN

1 Disuelva la levadura en el agua tibia junto con la cucharadita de azúcar. Agréguele la cucharada de harina y bata bien hasta formar un engrudo blandito. Tape y espere a que la mezcla se hinche como una esponja. Vigile de cerca, porque si desborda la levadura, perderá su "fuerza".

2 Coloque la harina en forma de anillo sobre la mesa. Ponga en el centro el aceite, la sal y la "esponja" de levadura.

3 Una los ingredientes agregándoles de a poco leche tibia en cantidad necesaria, hasta obtener un bollo tierno, que apenas se pegotee.

4 Vuélquelo sobre la mesada enharinada, haga unas cuantas respiraciones abdominales al mejor estilo yoga…, levante el bollo de masa en alto con ambas manos… y estréllela contra la mesa y con toda su bronca.

5 ¿La masa ya quedó lisita, tierna y elástica? Enharínese las manos, déle forma de bollo, póngala en un bol, píntele la frente con un poco de aceite, tápela flojamente con un polietileno (¡ufa!)… y déjela en sitio tibio hasta que duplique el volumen.

Armado

1 Tome un trozo de masa ya leudada y estírela con el palote en forma circular, dejándola finita o más gruesa, según quiera hacer una "pizza a la piedra" o una "pizza gorda". Recórtela con una pizzera.

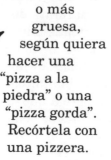

2 Coloque el disco de masa en la pizzera aceitada y, con la punta de los dedos también aceitados, presiónela estirándola hasta forrar bien el molde.

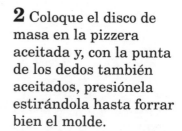

3 Tápela y déjela leudar en sitio tibio hasta que esté bien hinchadita (siga haciendo así otras pizzas).

4 Coloque la pizza leudada apoyando el molde en el piso del horno bien caliente y cocínela hasta que se dore la parte de abajo (5 minutos, aproximadamente. Pero, por si acaso… espíela).

5 Retire el molde del horno y, con una espátula, dé vuelta la pizza en el molde para que la parte dorada quede hacia arriba. Esto lo hago para que luego la salsa no convierta a la masa en engrudo…

6 Cúbrala con la cubierta elegida, déle otro "golpe de horno" y… ¡listo!

*F*ugazza

INGREDIENTES
(para 1 fugazza)

❏ Masa para pizza, 1/3 de la cantidad indicada en receta básica, (pág. 73)
❏ Cebollas, cortadas en rodajas finitas y separadas en aros, 2
❏ Aceite, cantidad necesaria
❏ Sal y pimienta, a gusto
❏ Ají molido, 1 cdita.
❏ Orégano, 1 cdita.

PREPARACIÓN

1 Estire la masa de pizza dejándola de 1/2 cm de espesor.

2 Forre con ella una pizzera aceitada y déjela leudar en sitio tibio.

3 Rehogue los aros de cebolla en el aceite, con la sartén tapada, para que se ablanden sin dorar.

4 Retire del fuego y sazónelos con sal, pimienta, el ají molido y el orégano.

5 Extienda esta mezcla sobre la superficie de la pizza leudada.

6 Cocine la fugazza en horno caliente, hasta que se note cocida y suavemente dorada.

VARIANTE
*F*ugazza rellena

INGREDIENTES

❏ Queso fresco o mozzarella, 200 g (en tajadas)
❏ Morrones al natural, 1 lata chica
❏ Jamón cocido en tajadas, 200 g

PREPARACIÓN

1 Cuando la fugazza esté a punto, retírela del horno y deje enfriar.

2 Pártala por la mitad y vuelva a armarla rellenándola con el queso fresco o mozzarella, el jamón cocido y las tiras de morrón (como si armara un sándwich).

3 Vuelva a ponerla en el horno, hasta que el queso asome por los costados.

Variantes
*P*izza de tomate y mozzarella

Ingredientes

❑ Pizza
pre-horneada,
ver receta básica,
(pág. 73)

Salsa
❑ Tomates, 1 lata
❑ Dientes de ajo
triturados, 2
❑ Caldo de
verdura, 1 cubito
(desmenuzado)
❑ Agua, 1/2 taza
❑ Laurel, 1 hoja
❑ Orégano, 1 cdita.
❑ Mozzarella en
rodajas, 150 g
❑ Aceitunas
verdes y
negras,
descarozadas,
a gusto

Preparación

Salsa

1 Ponga en una
cacerolita el contenido de
la lata de tomates,
picaditos y con todo su
jugo.

2 Agrégueles el caldo
desmenuzado, el
laurel y los dientes de
ajo y el agua.

3 Hierva hasta que el
líquido se reduzca y se
forme una salsa
espesita. Retire el laurel.

Terminación

1 Cubra la parte
tostada de la
pre-pizza con una
capa de la salsa de
tomates. Espolvoréela
con el orégano y
coloque unos minutos
en el horno para que
la salsa se seque
ligeramente.

2 Retire la pizza y
cúbrala con las
rodajas de
mozzarella.

3 Vuelva a ponerla
en el horno caliente
hasta que el queso se
funda.

4 Recién entonces
decore con las
aceitunas y sirva.

Nota
Esta pizza puede variarla, a gusto, con filetes de anchoa o tajadas de jamón cocido o
tiras de morrones asados y pelados, etcétera.

Variantes de cubiertas para pizzas

Pizza al Parmesano

Cubra la pizza prehorneada con 2 cebollas cortadas en aros finitos rehogados en aceite y escurridos. Tape la cebolla con rodajas finitas de tomates. Salpique los tomates con tajadas de aceitunas verdes, 1 cucharada de alcaparras y 1 de anchoas picaditas. Espolvoree con 1 cucharada de albahaca picada y otra de estragón fresco (si usa hierbas secas, reduzca la cantidad a 1 cucharadita de cada una). Cubra con queso Parmesano rallado y gratine en horno bien caliente.

Pizza al Roquefort

Rehogue 3 dientes de ajo prensado en 3 cucharadas de aceite. Unte con este aceite la superficie de la pre-pizza. Mezcle 150 gramos de Roquefort tamizado con 3 cucharadas de crema de leche. Extienda esta crema sobre la pizza. Colóquela en horno moderado hasta que el queso se funda y esté levemente dorado. Al retirarla del horno adorne con mitades de nueces y tiras de morrones al natural.

Pizza de jamón y ananás

Escurra el contenido de 1 lata de ananás y píquelo. Líguelo con 1 cucharada de mayonesa. Cubra la pizza con tajadas de mozzarella y luego con la mezcla de ananás. Tape con 200 gramos de jamón cocido picado grueso. Espolvoree el jamón con azúcar molida, rocíela con un poco de manteca derretida y gratine en el horno, hasta que el azúcar comience a acaramelarse.

*P*ancitos

INGREDIENTES

❑ Masa para pizza, ver receta básica (pág. 73)

PREPARACIÓN

1 Con la misma masa de pizza, proceda así para hacer pancitos.

2 Estírela con el palote dejándola de 1/2 cm de espesor.

3 Recorte en forma de discos de unos 7 cm de diámetro.

4 Apóyelos sobre placas aceitadas. Tápelos flojamente y déjelos leudar bien (si hay recortes... ¡siga haciendo pancitos!).

5 Cocínelos en horno bien caliente, hasta dorar suavemente.

6 Al retirarlos, píntelos con aceite.

LAS BUENAS COMPAÑIAS

Yo llamo así en la cocina: "buenas compañías", a lo que los expertos han denominado: "guarniciones". ¿La razón?... La palabra "guarnición" suena para mí a "adorno". Y los adornos, además de prescindibles, pronto pasan de moda. En cambio las "buenas compañías" —como los buenos amigos— permanecen fieles e inalterables a través del tiempo. Podrán cambiar sus nombres o sus apariencias. Pero una "papa frita" será siempre la mejor compañía de un "churrasco" o "milanesa", así se llame "bastón", "allumette", "paille" o "española"... Queda usted en libertad de compartir o no mi postura. *Rara es la felicidad de los tiempos en los cuales es lícito pensar lo que se quiere, y decir lo que se piensa...* (Tácito). Sin embargo, con una mano sobre el corazón, debo confesarle: más de una vez me olvido de mi postura filosófica y, por costumbre, llamo a las "buenas compañías" por su nombre de pila: "guarnición".
Comprender es perdonar...
¡Gracias, Mme. de Staël!

PURÉ DE PAPAS

- Si lo utiliza como "guarnición": pele las papas antes de hervirlas.
- Si lo destina a croquetas o papa duquesa, ñoquis o papas rellenas, etc., cocínelas con cáscara.

1 Pele papas, córtelas en trozos y póngalas a hervir en suficiente agua.

2 Escúrralas y tamícelas o páselas por el prensa-puré. No se le ocurra procesarlas porque quedan "gomosas".

3 Mida el puré por tazas, colóquelo en una cacerola y agréguele 1 cucharada de manteca por taza de puré. Mezcle bien y agréguele de a poquito la leche necesaria hasta obtener la consistencia deseada. Sazónelo a gusto con sal y pimienta.

PAPA
DUQUESA

1 Hierva papas con cáscara hasta que estén tiernas. Pélelas y tamícelas.

2 Mézclele, por cada taza de puré de papas, 1 yema y 1 cucharadita de manteca. Este puré no lleva leche.

3 Sazone con sal, pimienta y nuez moscada. O con los elementos que indique la receta.

GUARNICIÓN
DE PURÉ DE
PAPAS

Ideal para presentar comidas con abundante salsa.

1 Prepare un puré consistente y bien condimentado.

2 Póngalo en una manga con boquilla grande de picos.

3 Elija una fuente algo profunda, para horno, y trace en todo el contorno de la misma un doble cordón de puré a modo de "muro de contención"…

4 Píntelo suavemente con manteca derretida y ponga a dorar en el horno.

5 Retire la fuente, vuelque en ella la preparación hecha (y caliente) con toda su salsa y lleve a la mesa.

PAPAS
ASADAS

1 Elija papas del mismo tamaño, que no estén brotadas. Lávelas cepillándolas bien bajo la canilla. Séquelas.

2 Unte la cáscara de cada papa con manteca o margarina.

3 Apóyelas sobre una rejilla y póngalas a asar en el horno caliente, dándolas vuelta una vez durante la cocción, hasta que al presionarlas, se note blanda la pulpa. (O cerciórese de que están cocidas, clavándoles una brochette.)

4 Una vez cocidas retírelas, hágales a cada una en la panza un tajo en forma de cruz (profundo) y presiónelas de abajo a fin de ablandar la pulpa y hacer que la cáscara tajeada se entreabra.

5 De aquí en más... ¡haga con ellas lo que le indique la receta!

NOTA

En las papas asadas de este modo... ¡hasta la cáscara —doradita y crujiente— resulta deliciosa!

PAPAS FRITAS

Lo más simple del mundo y, sin embargo, con detalles claves para que salgan perfectas:

• El aceite o grasa debe estar caliente, pero no demasiado, para evitar que se "arrebaten" y queden crudas por dentro. Una forma práctica de comprobar si el aceite está a punto para freír es poner a flotar en él un trocito de pan fresco. En cuanto el pan comienza a "navegar" en el aceite, con ganas de dorarse... ¡listo!
• Fría las papas por tandas. Si son muchas y las echa de golpe corre el riesgo de que el aceite baje la temperatura y las papas se impregnen de la fritura, se ablanden y pegoteen.
• Una vez doradas a su gusto, escúrralas sobre el papel absorbente pero no las sale hasta el momento de llevarlas a la mesa. La sal es higroscópica y las ablanda.
• Si quiere papas bien crocantes por fuera y húmedas por dentro, proceda así: fría las papas hasta que estén cocidas pero apenas doradas. Escúrralas sobre papel absorbente. En el momento de llevarlas a la mesa, déles un "golpe de fritura" (aceite requetecaliente) removiéndolas con dos tenedores. Escúrralas apenas se doren.
• Una vez peladas, cortadas y antes de freírlas, conviene lavar las papas en agua tibia para quitarles el exceso de almidón y azúcar. Pero enseguida escurrirlas y secarlas para evitar que absorban el agua.

• Si por necesidad tiene que pelar las papas con anticipación, déjelas enteras y sumergidas en agua, a la que habrá adicionado jugo de limón para que no se oscurezcan (oxiden… ¡bah!).

Papas fritas comunes o "papas bastón"

• Córtelas en rodajas de 1/2 cm de espesor y luego en bastones, a lo largo. Según los franceses (ellos llaman a estas papas "mignonnettes") el largo debe ser de 7,5 cm. Pero no se acompleje, nosotros estamos haciendo cocina familiar y no profesional…

Papas rejillas

Son papas redondas, de 2 a 3 mm de espesor cortadas con un aparato especial llamado "mandolina" que permite "acanalarlas" en un sentido y en otro, dando a cada una la apariencia de un enrejado. La técnica es sencilla: pele una papa y córtele un extremo para obtener una superficie plana. Apoye la papa sobre la mandolina y, presionándola con el sujetador especial que trae el aparato, hágala deslizar por la ranura del mismo, a fin de rebanarla y surcarla en un sentido. Hágala girar y rebánela en el sentido contrario. ¡La papa caerá perforada como una rejilla! Fríalas en aceite caliente, vigilándolas de cerca para escurrirlas apenas se doren y pongan crocantes.

Papas Paille

"Paille" en francés significa "paja". Son papas finitas como hebras. Córtelas en rodajas lo más finas posible, y luego, en tiritas del mismo grosor. Se fríen en aceite muy caliente, removiéndolas con dos tenedores y escurriéndolas apenas se noten crocantes (de 2 a 3 minutos).

Papas allumettes

Traducido el nombre, serían: "papas fósforos". Son papas un poco más gorditas que las paille. Yo diría... ¡del grosor de los fósforos de madera! También se fríen en aceite bien caliente, de 3 a 4 minutos.

Papas "chips"

Son las que nosotros llamamos "papas para copetín". Son papas cortadas en rodajas finísimas, delgadas como papel que, bien escurridas y secas. Sólo necesitan un "golpe de fritura" para obtener una textura crocante.

Papas "soufflés"

Pele y corte papas "gordas" en tajadas regulares de 3 mm de espesor. Sumérjalas una primera vez en aceite medianamente caliente (170°) y fríalas de 5 a 8 minutos, moviéndolas a menudo. Deben cocinarse sin dorar. Escúrralas y deje enfriar sobre papel absorbente. Colóquelas en una canastita y sumérjalas en un baño de fritura requetecaliente, agitándolas para que el vapor de agua concentrado en el interior de cada papa se expanda y la fuerza del vapor infle las papas... ¡como en mi imaginación deberían inflarse! Déjelas dorar, escúrralas y ¡glup! (Soñar no cuesta nada...)

Papas noisette

Son las papas modeladas en forma de bolitas con una cucharita especial, en forma de semiesfera. Para que le salgan bien redonditas, le acerco este secreto que me confió un chef amigo (Raúl Iñigo): aplique la cucharita horizontalmente sobre la papa (boca abajo) y presiónela bien, hundiéndola; luego, siempre presionándola, vaya colocando la cucharita en posición vertical, mientras la hace rotar hasta desprender la "noisette".

Lengüitas de papa

Es una invención personal, que tiene sus ventajas: puede freírlas con anticipación... ¡que quedarán crocantes todo el tiempo que tengan que esperar! Proceda así: elija papas preferentemente alargadas, pélelas, lávelas y séquelas. Tome un pelapapas bien afilado y rebánelas verticalmente para convertirlas en cintas delgadísimas. Armese de paciencia y reboce cada "cinta" con harina. No las encime. Echelas una por una en aceite bien caliente, en una sola capa. Délas vuelta constantemente con dos tenedores, hasta que se noten crocantes y suavemente doradas. Escúrralas sobre papel absorbente y siga haciendo otras. ¿Imagina cómo quedan caprichosamente arqueadas y crujientes?

Papas fritas precocidas

Si alguna vez le sobraron papas hervidas, transfórmelas en papas fritas de este modo: córtelas de la forma que desee (cubos, bastones, etc.) rebócelas por harina y déles un golpe de fritura.

Papas españolas

Redondas, de 3 mm de espesor y fritas.

CROQUETITAS DE PAPA

1 Tome pequeñas porciones de papa duquesa, moldéelas con la forma que desee (bolitas, cilindros, peritas, etc.), rebócelas por harina, báñelas por huevo batido y rebócelas por pan rallado.

2 Estaciónelas en la heladera un mínimo de 1/2 hora.

3 Déles un golpe de fritura hasta dorar y escúrralas sobre papel absorbente.

PAPAS A LA CREMA

1 Pele papas, córtelas en trozos gruesos, transversalmente y con un cuchillito filoso rebánelos tallándolos en forma ovalada.

2 Eche las papas así torneadas en agua hirviendo con sal.

3 Escúrralas a media cocción.

4 Colóquelas en otra cacerola, cúbralas con crema de leche y hágalas hervir despacito, hasta que terminen su cocción y la crema se espese.

5 Distribúyalas en cazuelitas, junto con la crema donde hirvieron, sazónelas con sal y pimienta, espolvoréelas con gruyère rallado y gratínelas en horno bien caliente.

Papas Dauphine

Especie de croquetas, ideales para usar como guarnición de aves o carnes asadas y darle un merecido descanso a las papas fritas...

INGREDIENTES

❑ Papa duquesa, 1 y 1/2 taza (ver pág. 80)
❑ Masa bomba, 1/2 taza (ver pág. 164)
❑ Sal y pimienta, a gusto
❑ Aceite, para freír
❑ Harina, cantidad necesaria

PREPARACIÓN

1 Mezcle la papa duquesa, caliente, con la masa bomba.

2 Sazone con sal y pimienta a gusto.

3 Divida en pequeñas porciones del tamaño de una nuez, modele de la forma que quiera y hágalas rodar por harina.

4 Déles un golpe de fritura hasta que se hinchen y doren.

5 Escúrralas sobre papel absorbente.

6 Sírvalas como indique la receta.

CEBOLLITAS GLASEADAS

1 Ponga en una cacerolita 1 taza de cebollita pickles bien escurridas, 1 cucharada de manteca, 1/2 taza de azúcar y 1/4 de taza de agua.

2 Haga hervir despacito hasta que las cebollitas estén bien brillantes.

NOTA

Si le gusta, puede agregar a los ingredientes 1 cucharadita de mostaza.

*A*ros de cebolla a la francesa

INGREDIENTES

❑ Cebollas medianas, 3
❑ Huevos batidos, 2
❑ Leche, 1/2 taza
❑ Harina, cantidad necesaria
❑ Aceite, para freír

PREPARACIÓN

1 Pele las cebollas y córtelas en rodajas finas. Sepárelas en aros.

2 Bata los huevos con la leche.

3 Sumerja los aros de cebolla en esta mezcla.

4 Escúrralos de a pocos por vez y rebócelos por harina, uno por uno, de modo que no se pegoteen (¡la que quedará engrudada será usted!).

5 Ponga los anillos rebozados en un colador y sacúdalos para quitarles el exceso de harina.

6 Echelos uno por uno en aceite bien caliente —sin encimarlos— para darles un golpe de fritura. Délos vuelta rápidamente con los dos tenedores para que se doren de ambos lados (si se descuida… ¡se queman!) y escúrralos enseguida sobre el papel absorbente.

7 Si no los sala, mantendrán su textura crocante hasta que usted termine de hacer los otros… ¡Valen la pena!

Zanahorias glaseadas

1 Tornee zanahorias en forma de zanahorias chiquitas; o córtelas en rodajas finas. Hiérvalas hasta que estén cocidas, pero no demasiado.

2 Ponga en una cacerolita 1 taza de azúcar, 1/4 de taza de agua, 1/4 de taza de vino blanco seco y 1 cucharadita de mostaza. Mezcle y haga hervir.

3 Agregue las zanahorias y deje hervir despacito hasta que el almíbar se espese y las zanahorias estén brillantes. Sazónelas con apenas de sal y bastante pimienta negra recién molida.

Zanahorias Allumette

INGREDIENTES

- Zanahorias tiernas, 3
- Harina, cantidad necesaria
- Aceite, para freír

PREPARACIÓN

1 Raspe las zanahorias y córtelas, a lo largo, en rebanadas finas (2 mm de espesor o 3 mm… ¡bah!).

2 Córtelas en tiritas, como si fuera a hacer papas allumette.

3 Rebócelas por harina, póngalas en un colador y sacúdalas para retirarles el exceso de harina.

4 Fríalas por tandas en aceite medianamente caliente, hasta dorarlas suavemente. Escúrralas sobre papel absorbente.

TULIPAS DE PANQUEQUES

1 Prepare panqueques de acuerdo con la receta básica (ver pág. 55).

2 Enmanteque por fuera moldecitos para flan. Enharínelos. Póngalos "boca abajo" sobre una placa para horno.

3 Apoye un panqueque en la superficie de cada moldecito y pliéguelo sobre el mismo para que los bordes queden ondulados como una tulipa.

4 Séquelos en horno suave (ojo… ¡son muy frágiles!…).

5 Una vez sequitos, retírelos cuidadosamente de los moldes.

6 Recién en el momento de servirlos, rellénelos con la guarnición que haya elegido.

CROUTONS

1 Quítele la corteza a tajadas de pan lácteo (o, en su lugar, pan francés…).

2 Corte la miga en cubos pequeños.

3 Dórelos en el mínimo posible de manteca o aceite.

4 Escúrralos sobre papel absorbente.

NOTA
Si no quiere freírlos, rocíelos con spray, aceite o manteca (o margarina) derretida y dórelos en el horno, removiéndolos de vez en cuando.

CROQUETITAS DE BATATA

1 Hierva batatas con cáscara.

2 Pélelas y tamícelas en caliente.

3 Sazónelas con sal y pimienta.

4 Modele en forma de bolitas (o cilindros o como quiera), rebócelas por harina y deje enfriar.

5 Llegado el momento… ¡déles un golpe de fritura! ¿Se dio cuenta? No llevan huevos, pero quedan perfectas.

BATATAS GLASEADAS

1 Hierva 4 batatas con cáscara. Cuando estén cocidas, ráspeles la cáscara y corte en rodajas.

2 Ponga en una sartén 2 cucharadas de manteca, 1/4 de taza de agua, 1/2 taza de azúcar rubia y 1 cucharadita de mostaza.

3 Cuando todo se funda, agregue las rodajas de batata, sin encimar.

4 Cocine lentamente, dándoles vuelta una vez con espátula, hasta que las rodajas de batata estén bien glaseadas.

BERENJENAS FRITAS

1 Pele las berenjenas, córtelas en rodajas y luego en bastones.

2 Rebócelas por harina y fríalas como las "zanahorias allumette", teniendo en cuenta que la fritura deberá estar más caliente, pues las berenjenas se cocinan enseguida. Escúrralas sobre papel absorbente. No las sale hasta el momento de llevarlas a la mesa.

Milanesas de tomate

Una curiosa —pero deliciosa— guarnición para carnes.

INGREDIENTES

- Tomates "larga vida" (así les llaman ahora a tomates de pulpa firme, redonditos y de tamaño uniforme. ¡Oh, la genética!), 4
- Ajo y perejil picaditos, 2 cdas.
- Sal y pimienta, a gusto
- Huevos batidos, 2
- Pan rallado, 1 y 1/2 tazas

PREPARACIÓN

1 Lave bien los tomates y córtelos en rodajas de 1/2 cm de espesor. Colóquelos sin encimar en una fuente, sazónelos con sal y déjelos un rato para que eliminen el exceso de líquido.

2 Mezcle el pan rallado con el ajo y el perejil picados.

3 Escurra las rodajas de tomate sobre papel absorbente, báñelos por los huevos batidos y rebócelos con el pan rallado. Estacione las "milanesas de tomate" un rato en la heladera.

4 Déles un golpe de fritura para dorar de ambos lados; escúrralos sobre papel absorbente y sirva caliente.

MORRONES AGRIDULCES

1 Elija morrones carnosos, quíteles el cabito y las semillas y córtelos en tiras gruesas.

2 Colóquelos en una cacerola y cúbralos con partes iguales de azúcar, aceite y vinagre blanco.

3 Si quiere, agregue en la cacerola dos dientes de ajos pelados y enteros y 1 cucharadita de pimienta en grano.

4 Haga hervir hasta que los morrones estén tiernos y el almíbar, espesito.

ARROZ "GRANEADO"

1 Ponga en una cacerola 3 tazas de agua y 1 cucharadita de sal. Haga hervir.

2 Cuando el agua rompa el hervor agréguele, en forma de lluvia, 1 taza de arroz previamente lavado bajo el chorro de la canilla, hasta que no suelte almidón. Mezcle rápidamente con un tenedor, para que el arroz no se precipite al fondo y se pegue.

3 Agregue al agua un chorrito de jugo de limón (para obtener un arroz bien blanco).

4 En cuanto el agua retome el hervor, baje el fuego y deje hervir despacito, hasta que el arroz esté "casi" cocido (18 minutos aproximadamente).

5 Apague el fuego, tape la cacerola y deje estacionar el arroz 5 o 7 minutos más, hasta que "estalle" el grano (se agrande) y termine de cocinar. No se descuide, porque un exceso de cocción puede convertirlo en puré...

6 Cuélelo enseguida, refrésquelo bajo el chorro de la canilla y utilice como indique la receta.

NOTA

Según haya sido la cosecha, los arroces pueden cocinarse en mayor o menor tiempo. Por eso le recomiendo controlar de cerca el punto que exige la receta elegida.

ARROZ CREMOSO

Cocínelo como el "arroz graneado", pero úselo sin lavar.

Arroz moldeado

□ Arroz, 1/2 taza
□ Agua, cantidad
necesaria
□ Sal y pimienta,
a gusto
□ Manteca, 50 g

PREPARACIÓN

1 Ponga a hervir
3 tazas de agua y,
cuando rompa el hervor,
eche el arroz en forma
de lluvia.

2 Baje el fuego y deje
hervir despacio, hasta
que el arroz esté casi
cocido.

3 Apague el fuego, tape
la cacerola y espere
unos minutos hasta que
el arroz complete su
cocción. (No se distraiga
porque en cuanto el
arroz
"revienta"…
¡puede hacerse
puré!)

4 Escúrralo enseguida.

5 Mézclele la manteca
y sazone a gusto con
sal y pimienta.

6 Llene con el arroz los
moldecitos elegidos (o el
molde único)
abundantemente
enmantecados. Presione
bien el arroz dentro de
ellos. Y si se anima…
estréllelos sobre la
mesa para eliminar las
burbujas de aire.

7 Tápelos con papel
de aluminio y
colóquelos a
bañomaría en horno
mínimo,
5 a 7 minutos.

8 Páseles un cuchillito
alrededor de los
costados y desmóldelos
como cualquier budín.

NOTA
Si en lugar de manteca usa un poco
de aceite, los granos quedarán más se-
paraditos.

LOS "CABALLITOS DE BATALLA" DE TODOS LOS DIAS

Dentro del recetario familiar hay recetas simples y heredadas que forman parte de nuestra cultura gastronómica. ¿Quién puede negar la primacía de las milanesas, un buen guisito o un estofado aromático para condimentar una "tallarinada"? En este capítulo queremos dejar memoria de "los conocidos de siempre", que valen la pena recordar.

Puchero y caldo

INGREDIENTES

- ❏ Falda, 1 kg
- ❏ Hueso con caracú, 1 kg
- ❏ Agua fría, 3 l
- ❏ Sal, 1 cda. (gruesa, mejor)
- ❏ Perejil y apio, unas ramas
- ❏ Batatas peladas, 1/2 kg
- ❏ Papas peladas, 1/2 kg
- ❏ Cebollas, 2
- ❏ Zanahorias, raspadas, 4
- ❏ Puerros, 4
- ❏ Zapallo, 1 tajada cortada en trozos grandes
- ❏ Choclos, 4

PREPARACIÓN

1 Cocine la carne y los huesos en el agua donde habrá agregado la sal, los puerros, el apio, el perejil y las zanahorias. Retire la espuma que se formará en la superficie.

2 Deje hervir 45 minutos.

3 Agregue las papas, las batatas y el zapallo.

4 Hierva hasta que las verduras estén cocidas.

5 Agregue los choclos y deje hervir 5 minutos más. Apague el fuego.

6 Simultáneamente, cocine aparte el repollo cortado en cuartos, en abundante agua con sal. Cuando esté a medio cocer, agregue en la cacerola la panceta previamente lavada y los chorizos. A último momento agregue las morcillas, ya que éstas sólo deberán calentarse pues ya están cocidas. Un exceso de cocción amenaza con romperlas y... ¿qué lástima... no? A último momento, también, agregue en la olla donde se cocina la carne, los po-

Varios
- ❏ Repollo chico, 1
- ❏ Chorizos colorados, 2
- ❏ Chorizos blancos, 2
- ❏ Morcillas, 2
- ❏ Garbanzos o porotos de manteca (remojados en abundante agua desde la noche anterior y hervidos), 1 taza
- ❏ Panceta salada, magra, 1/4 kg

rotos y los garbanzos previamente hervidos y metidos dentro de sendas bolsitas para cocinar. De lo contrario... ¿quién será capaz de pescarlos sin llegar al borde de un ataque de nervios?

7 Sirva el puchero prolijamente. En una fuente: la carne cortada en trozos, ídem los chorizos, las morcillas y la panceta. En otra fuente, las verduras y los garbanzos o porotos.

NOTA

Si quiere enriquecer el caldo, coloque la carne en agua fría.
Si quiere enriquecer la carne, utilice el agua hirviendo.
Cuele el caldo que quedó en la olla donde se cocinó la carne. Pruebe y rectifique —o no— el sazonamiento. Utilícelo para hacer una excelente sopa.

Albóndigas

INGREDIENTES

❏ Carne picada,
3/4 kg
❏ Miga de pan,
remojada en leche,
exprimida y picada,
1/2 taza
❏ Perejil,
picadísimo, 1 cda.
❏ Cebolla picada y
rehogada en aceite o
margarina, 1/2 taza
❏ Queso rallado,
2 cdas.
❏ Aceitunas
descarozadas y
picadas, 100 g
(optativo)
❏ Pasas de uva sin
semilla, 1/4 de taza
(optativo)
❏ Huevos, 1 o 2
(para ligar los
ingredientes)
❏ Sal, pimienta y
nuez moscada,
a gusto
❏ Harina, para
rebozar
❏ Aceite, 1/4 de taza
(para freírlas)
❏ Caldo o
salsa liviana
de tomates,
para cocinarlas,
2 tazas
❏ Laurel, 1 hoja

Esta fórmula es básica para hacer las albóndigas con
cualquier clase de carne picada cruda: albóndigas de
pollo, de pescado, de cordero, etcétera.

PREPARACIÓN

1 Mezcle, en crudo, la
carne, la miga de pan, el
perejil, la cebolla
rehogada, el queso, las
aceitunas y las pasas
(optativo).

2 Sazone con sal,
pimienta y nuez
moscada.

3 Ligue con
1 o 2 huevos.

4 Tome porciones de la
pasta, modélelas en
forma esférica (o como
le dé la gana) y
rebócelas por harina. A
medida que lo haga,
coloque las albóndigas
sobre una fuente
espolvoreada
con harina, sin
encimarlas.

5 Caliente el aceite
en una cacerola y
cuando esté a punto,
fría las albóndigas

rápidamente, a fin de
dorarlas de todos lados y
formarles una corteza
crocante. Escúrralas y
siga friendo las otras.

6 Una vez terminada
la operación, deseche el
aceite de la cacerola y
afloje el fondo de
cocción con el caldo o la
salsa de tomates.

7 Cuando se forme una
salsita y rompa el hervor,
agregue las albóndigas y la
hoja de laurel; deje hervir
despacito, hasta que
terminen su cocción y la
salsa esté espesita.

Guiso

Sobre la base de esta receta, usted podrá reemplazar unos ingredientes por otros que le agraden más. ¿No le gusta el guiso con fideos? Reemplácelos entonces por arroz, agregado de igual modo y calculando que al cocinarse aumenta dos veces su volumen (el del arroz, se entiende...). El mismo criterio aplíquelo para incluir en el guiso las verduras de la estación que más le gusten. Por ejemplo, el choclo en rodajas o desgranado. Esta receta sólo pretende señalarle un camino.

INGREDIENTES

❑ Carnaza de nalga, sin grasa ni indeseables, 3/4 kg
❑ Aceite, 6 cdas.
❑ Cebollas picadas, 2
❑ Zanahorias, raspadas y cortadas en rodajitas, 2
❑ Morrones cortados en tiras, 2 (uno verde y otro rojo)
❑ Papas medianas, cortadas en cubos grandes, 4
❑ Zapallo, cortado en cubos, 1 taza
❑ Tomates picados, 1 lata (o su equivalente en tomates frescos)

PREPARACIÓN

1 Corte la carne en cubos.

2 Dórela en el aceite bien caliente.

3 Incorpore las cebollas, las zanahorias y los morrones. Rehogue.

4 Agregue los tomates picados y con todo su jugo, los cubitos de caldo desmenuzados, el laurel, el pimentón y el agua.

5 Deje a fuego vivo hasta que hierva.

6 Baje la llama y hierva despacio, hasta que el líquido se consuma hasta la mitad.

7 Agregue las papas, el zapallo, las arvejas y los fideos (o el arroz).

8 Continúe la cocción a fuego lento hasta que las papas y los fideos estén casi cocidos (si hiciera falta, agregue un poco más de agua caliente durante la cocción).

9 Incorpore la conserva de tomates disuelta en

❑ Arvejas, 1 lata
(o su equivalente en
arvejas frescas y
hervidas)
❑ Laurel, 1 hoja
❑ Caldo de verdura,
2 cubitos
❑ Agua, 4 tazas
❑ Pimentón, 1 cdita.
❑ Orégano, 2 cditas.
❑ Conserva de
tomates, 1 cda.
❑ Sal y pimienta,
a gusto
❑ Fideos dedalito,
1 taza (o arroz, bien
lavado)

un poco de agua fría y
deje hervir despacito
hasta terminar la
cocción de los últimos
ingredientes que agregó.

10 Pruebe y
rectifique el
sazonamiento
con sal, pimienta
y el orégano.

NOTA

Cualesquiera sea el guiso que usted quiera hacer, recuerde que primero debe dorar la carne y recién después rehogar la cebolla o el ajo, para evitar que éstos se quemen. Si le gusta un guiso espesito, conviene rebozar los trozos de carne en harina antes de dorarlos. En tal caso, vigile que el líquido sea suficiente para la cocción de los demás ingredientes.

*E*stofado

Esta palabra proviene del francés: "etouffée", que quiere decir algo así como "sofocado"…, "ahogado"… Precisamente ésa es la característica de esta comida: una carne hecha en la cacerola tapada, con líquido agregado de a poco y suficientes aromáticos para que resulte realmente "asfixiada" y deliciosamente perfumada.

Ingredientes

❏ Peceto o cuadrada o nalga, en un solo trozo, 1 y 1/2 kg
❏ Sal y pimienta, a gusto
❏ Aceite, 4 cdas.
❏ Cebollas, picadas, 2
❏ Ajo triturado, 2 dientes
❏ Zanahorias, en rodajitas, 2
❏ Tomates, picados y con todo su jugo, 1 lata
❏ Caldo de verdura, 2 cubitos (desmenuzados)
❏ Laurel, 1 hoja
❏ Vino blanco seco, 1/2 taza
❏ Agua caliente, cantidad necesaria

Preparación

Estofado de carne

1 Sazone la carne con sal y pimienta.

2 Caliente el aceite y dore la carne de todos lados.

3 Agregue el ajo y la cebolla y saltee.

4 Incorpore el laurel, las zanahorias, los tomates, y los cubitos de caldo. Agregue el vino y raspe con una cuchara el fondo de cocción.

5 Baje el fuego a suave, tape la cacerola y deje hervir despacito mientras le agrega durante la cocción chorritos de agua caliente para mantener el mismo volumen de salsa.

6 Siga cocinando con la cacerola tapada, hasta que la carne esté bien tierna.

Aspic de paté de foie y pollo, pág. 137.

Lemon pie, pág 146.

*P*rofiteroles al chocolate, pág. 166.

Budín inglés, pág. 187.

Milanesas

Cada uno tiene su forma de apagar faroles, ¡perdón!… "de freír milanesas"…
Este es mi estilo. Aunque la receta es de carne, la misma técnica la aplico a
otros ingredientes: rodajas de berenjena, filetes de pescado,
supremas de pollo… etcétera.

INGREDIENTES

❏ Bifes finitos de
nalga o peceto,
1 kg
❏ Huevos, 3
❏ Agua, 2 cdas.
❏ Vinagre, 1 cda.
❏ Perejil y ajo
triturados, 2 cdas.
(optativo)
❏ Sal y pimienta,
a gusto
❏ Pan rallado,
cantidad
necesaria
❏ Aceite,
para
freír

PREPARACIÓN

1 Quítele a los bifes la grasa e indeseables. Si son gruesos, aplánelos con la maza de ablandar carne. Condiméntelos a gusto con sal y pimienta.

2 Bata los huevos y mézclelos con el agua y el vinagre. Sazónelos con un poco de sal. Si es de su agrado, mézcleles un picadillo de ajo y perejil.

3 Bañe los bifes, de a uno por vez, en los huevos batidos; rebócelos con el pan rallado, presionando fuerte para que el pan quede bien adherido.

4 Tratándose de milanesas de carne, éste es el toque personal: vuelva a bañar las milanesas en los huevos batidos de un solo lado, y a empanarlas nuevamente. (De este modo, al freírlas, ese lado quedará suavemente dorado y más presentable que el otro…) Estaciónelas en la heladera 1 hora.

5 Caliente abundante aceite en una sartén (no se olvide de poner a flotar en él un corcho o un trocito de pan…), fría las milanesas hasta dorarlas de ambos lados y escúrralas sobre el papel absorbente. ¿La mejor guarnición? ¡Puré de papas o papas bastón, bien crocantes!

Niños envueltos

Son bifes finitos, libres de grasa, untados con el relleno que se prefiera y enrollados como si fueran pequeños matambres. Se sujetan con palillos (o con vueltas de hilo) y se pueden cocinar tanto asados a la parrilla como estofados en salsa.

INGREDIENTES

❑ Bifes de nalga finos y sin grasa, 8
❑ Sal y pimienta, a gusto
❑ Miga de pan, remojada en leche, exprimida y picada, 1 taza
❑ Queso rallado, 1/2 taza
❑ Cebolla picadita, 1
❑ Margarina, 2 cdas.
❑ Perejil picadísimo, 1 cda.
❑ Huevo, 1
❑ Jamón cocido, 8 tajadas del tamaño de los bifes
❑ Harina, para rebozar
❑ Aceite, 4 cdas.
❑ Ajo triturado, 2 dientes
❑ Agua o vino blanco, 1/2 taza
❑ Tomillo, 1/2 cdita.
❑ Tomate al natural, 1 lata

PREPARACIÓN

1 Sazone los bifes con sal y pimienta. Extiéndalos sobre la mesa, sin encimar.

2 Rehogue la cebolla en la margarina.

3 Vuelque en un bol y mézclele la miga de pan exprimida y picadita, el queso rallado, el perejil y el huevo. Sazone con sal y pimienta.

4 Unte con esta mezcla los bifes.

5 Cubra el relleno con una tajada de jamón.

6 Enrolle cada bife y sujete los bordes libres con palillos.

7 Caliente el aceite en una cacerola.

8 Reboce los "niños" por harina y dórelos de ambos lados.

9 Escúrralos.

10 Agregue en la cacerola los dientes de ajo triturado y rehóguelos unos segundos. Incorpore enseguida los tomates, picaditos y con todo su jugo, 1/2 taza de agua (o vino) y el tomillo. Raspe bien el fondo de la cacerola. Deje hervir despacito hasta que los niños estén tiernos y la salsa, espesita.

Matambre arrollado

Imagínese que se trata de un "niño envuelto gigante"... ¿Detalle clave para simplificar la tarea? Recortar el matambre a fin de desechar los bordes irregulares y darle forma rectangular o cuadrada.

INGREDIENTES

❑ Matambre de ternera, 1
❑ Vinagre, cantidad necesaria
❑ Sal y pimienta, a gusto
❑ Ajo picadito, 1 cda.
❑ Perejil picadísimo, 1 cda.
❑ Pimentón, 1 cdita.
❑ Ají molido, 1 cda.
❑ Laurel triturado, 2 hojas

Relleno
❑ Miga de pan remojada en leche, exprimida y picada, 2 tazas
❑ Queso rallado, 1 taza
❑ Cebollita de verdeo, picada y rehogada, 1 taza
❑ Morrón rojo en cuadraditos, 1

PREPARACIÓN

1 Extienda el matambre sobre la mesa, con la grasa hacia arriba.

2 Tome una cuchilla bien filosa y —sin lastimarse ni un dedito— quítele toda la grasa, pellejitos y partes secas e indeseables que tenga.

3 Cobre coraje, piense en los gatos vagabundos muertos de hambre y en nombre de ellos, recorte y deseche los bordes del matambre, hasta darle forma regular de un rectángulo (o cuadrado... bah!).

4 Extienda el matambre en una asadera con la parte de la ex grasa hacia arriba. Rocíelo con abundante vinagre.

5 Sazónelo con sal y pimienta.

6 Condiméntelo con el ajo, el perejil, el pimentón, el ají molido y el laurel. Tápelo y déjelo así en la heladera hasta el día siguiente.

Al día siguiente...

1 Retire el matambre de la heladera y apóyelo sobre la mesa (así: con la parte adobada hacia arriba).

2 Mezcle en un bol los ingredientes del relleno (menos el jamón). Sazone la mezcla con sal, pimienta y nuez moscada.

3 Cubra la superficie del matambre con las tajadas de jamón.

❑ Aceitunas verdes en tajadas, 100 g
❑ Jamón cocido en tajadas, 300 g
❑ Huevo, 1
❑ Nuez moscada, rallada, 1/2 cdita.

4 Extienda el relleno sobre el jamón.

5 Enrolle el matambre por uno de sus extremos, como si armara un pionono, apretando bien.

6 Enhebre una aguja y cosa todos los bordes libres.

7 Y ahora, elija entre estas opciones. Ate el matambre con piolín, dándole unas cuantas vueltas... O enróllelo, bien ajustado, en papel aluminio. O métalo, bien ajustado, en una bolsa especial para cocinar.

8 Hierva el matambre así acondicionado en abundante agua hirviendo con verduritas, hasta que, al presionarlo o pincharlo, se note verdaderamente tierno (2 horas, por lo menos...).

9 Déjelo enfriar en el mismo caldo de cocción.

10 Escúrralo y prénselo 2 horas.

11 Enfríelo muy bien en la heladera antes de desenvolverlo, desatarlo, quitarle las costuritas y cortarlo en rodajas.

NOTA

Muchas cocineras recomiendan espolvorear el relleno —antes de enrollar el matambre— con una cucharada de gelatina en polvo sin sabor para que las tajadas no se abran al cortarlas. No está mal...

Budín o pan de carne

- Utilice la misma fórmula de las albóndigas, rellene con la mezcla un molde tipo "budín inglés" Nº 5, enmantecado y enharinado; o forrado con tiras de panceta. Y cocínelo a bañomaría en el horno, hasta que esté doradito y los costados comiencen a separarse de los costado del molde.
- Sirva caliente, con salsa de tomates o salsa holandesa, etcétera. O bien frío, acompañado con salsa mayonesa o sus variantes.

Budín o pan de verduras

Es una mezcla de la verdura cocida que elija y elementos que refuercen o enriquezcan su sabor, todo ligado con huevos y cocido a bañomaría en el horno. Ejemplo:

INGREDIENTES

- ❏ Zapallitos redondos, 1 kg
- ❏ Margarina, 50 g
- ❏ Cebolla, picadita, 1/2 taza
- ❏ Queso rallado, 100 g
- ❏ Huevos batidos, 4
- ❏ Sal, pimienta y nuez moscada, a gusto

Budín de zapallitos

1 Raspe los zapallitos y córtelos en gajos finos.

2 Derrita la margarina y agregue en la cacerola los zapallitos y la cebolla. Deje hervir despacito hasta que los zapallitos estén tiernos y se haya evaporado el líquido de cocción.

3 Vuelque en un bol y agrégueles el queso rallado y los huevos batidos.

4 Sazone a gusto con sal, pimienta y nuez moscada.

5 Vuelque en un molde de tamaño adecuado, enmantecado y enharinado o espolvoreado con pan rallado, y cocine a bañomaría en horno caliente hasta que esté bien doradito.

Picadillos para empanadas

Para quien se inicia en la cocina, armar empanadas con discos de masa comprada puede ser una solución. Si no sabe repulgarlas… ¡no importa! Antes de cerrarlas humedezca con agua el borde de los discos, presiónelos; y siga presionándolos con un tenedor enharinado, para darles una mejor terminación.

De jamón y queso

Partes iguales de jamón cocido y "queso de máquina" ambos bien picaditos, más un poco de queso rallado y otro poco de margarina o manteca. Mezcle todo con las manos hasta obtener una pasta. Una vez armadas las empanaditas, si le gusta el sabor dulzón, pínteles la panza con leche y espolvoréelas con azúcar molida. UNICA RECOMENDACIÓN PARA CUALQUIER CLASE DE EMPANADAS: ¡HORNO BIEN CALIENTE!

De pollo

Hierva 2 supremas de pollo y píquelas. Mézcleles 1 cebolla y 1 morrón

picaditos y rehogados, 1/2 taza de salsa de tomates espesa y 1/4 de taza de salsa blanca tipo "pegote". Sazone con sal, pimienta y nuez moscada. Arme las empanadas poniendo una aceituna y un trocito de huevo duro en cada una.

De atún

Mezcle el contenido de una lata mediana de atún en aceite, escurrido y desmenuzado, con 3 cucharadas de cebollita de verdeo rehogada en margarina, 1/2 taza de aceitunas verdes picaditas, 1 morrón asado, pelado y cortado en daditos y 3/4 de taza de salsa blanca tipo pegote. Sazone todo con sal, pimienta y nuez moscada.

De carne

Prepare un picadillo como indicamos para el pastel de papas. Si resultara muy jugoso, espéselo con un poquito de fécula de maíz diluida en apenas una cucharada de agua fría. Utilice bien frío.

Pastel de papas

INGREDIENTES

- ❏ Carnaza de nalga, sin grasa ni indeseables, picada, 1 kg
- ❏ Cebollas, 2
- ❏ Cebollas de verdeo, picaditas, 6
- ❏ Morrón rojo grande, 1
- ❏ Margarina 70 g
- ❏ Ajo, en tiritas, 3 dientes
- ❏ Laurel, 2 hojas
- ❏ Tomillo, 1 cdita.
- ❏ Orégano, 1 cdita.
- ❏ Pimentón, 1 cda.
- ❏ Ají molido, 1 cdita. (o más, a gusto…)
- ❏ Sal y pimienta, a gusto
- ❏ Caldo de verdura, 3 cubitos
- ❏ Pasas de uva sin semilla, 50 g
- ❏ Aceitunas verdes, 100 g
- ❏ Huevos duros, 2
- ❏ Agua caliente, cantidad necesaria
- ❏ Fécula de maíz (si hiciera falta), 1 cdita.

Cubierta
- ❏ Puré de papas, 4 tazas
- ❏ Claras a nieve, 2
- ❏ Margarina, 3 cdas.

PREPARACIÓN

1 Rehogue en la margarina las cebollas comunes picadísimas, el ajo en tiritas y el morrón cortado en cuadraditos.

2 Agregue la carne picada, el laurel, el tomillo, el orégano, el pimentón humedecido con un poco de agua, el ají molido, los calditos desmenuzados y las pasas de uva. Revuelva continuamente hasta que la carne se note cocida, mientras le agrega chorritos de agua caliente, a fin de obtener un picadillo jugoso.

3 Cuando la carne esté cocida, agregue las cebollas de verdeo, tape la cacerola y apague el fuego. Deje reposar 5 minutos. Si estuviera demasiado jugoso, espéselo con la fécula diluida en un poco de agua fría.

4 Pruebe el picadillo y rectifique el sazonamiento si hiciera falta. Retire el laurel. Distribúyalo en cazuelitas individuales.

5 Coloque en la superficie de cada porción un poco de huevo duro picado grueso y una o dos aceitunas descarozadas.

6 Mezcle el puré con las claras a nieve, condimente bien, y cubra con esta mezcla el picadillo de carne.

7 Rocíe el puré con la margarina derretida y gratine las cazuelitas en horno bien caliente.

Bombas de papa

INGREDIENTES

❑ Papas, 700 g
❑ Perejil
picadísimo,
2 cditas.
❑ Manteca, 50 g
❑ Sal, pimienta y
nuez moscada,
a gusto

Varios
❑ Queso fresco,
cortado en trocitos,
1/4 kg
❑ Huevos batidos, 2
❑ Vinagre, 2 cdas.
❑ Agua, 1 cda.
❑ Harina, para
rebozar
❑ Pan rallado,
para rebozar
❑ Aceite, para freír

Está en libertad de llamarlas "croquetas de papa",
o "pastelitos suizos".

PREPARACIÓN

1 Hierva las papas con cáscara, y cuando estén cocidas pélelas, tamícelas y haga con ellas y la manteca un puré. Agréguele el perejil y sazone a gusto con sal, pimienta y nuez moscada.

2 Cuando el puré esté tibio, tome una cucharada gorda, colóquela en la palma de su mano, húndale ligeramente el centro y coloque allí un trocito de queso fresco.

3 Envuelva el relleno con el puré d[andole forma esférica. Apenas lo presione, el puré se sellará de inmediato.

4 Reboce las bombas por harina.

5 Bata los huevos con el vinagre y el agua. Sazónelos con sal.

6 Cuando las bombas estén bien frías, báñelas cuidadosamente en los huevos batidos y luego rebócelas por el pan rallado. Estaciónelas en la heladera 1/2 hora.

7 Caliente aceite en una sartén y, cuando casi llegue al punto de humeo, déles a las bombas un golpe de fritura. Dórelas por tandas, sin encimarlas. Escúrralas sobre papel absorbente, y manténgalas calientes al calor del horno encendido al mínimo.

DETALLES IMPORTANTES
• El tiempo de fritura debe ser muy rápido para evitar que el queso que contienen las croquetas se ablande y, como cualquier prisionero, quiera escapar…
• El relleno puede variarlo a gusto: trozos de salchichas de Viena, una porción de picadillo de carne, pasta de jamón o de polllo, puntas de espárragos…

SALSAS BASICAS

Me pongo a escribir esta nota y confieso, con una mano en el *Larousse Gastronomique* y la otra sobre el hombro de *Escoffier*… ¡que me tiemblan las rodillas! Desde que nació la primera comida elaborada (el día en que algún machista cavernícola se cansó de comer mamut asado) hasta el descubrimiento de los colesteroles, las salsas constituyeron algo así como el espíritu de cada plato. Sin su presencia, más de un ingrediente tentador pudo haberse muerto de puro aburrimiento. Tal, por ejemplo, el caso de las pastas caseras. ¿Imagina usted, acaso, unos tallarines sin "tuco", ni "pesto", ni "salsa pomodoro", ni siquiera una inocente "salsita de tomates"? Desde mi punto de vista, las salsas vienen a ser algo así como el apellido de un plato. ¡Menuda responsabilidad la de manejar sus nombres! Sin embargo, cada cocinero tiene su estilo especial para elaborarlas. Y cada país su derecho innegable a modificarlas de acuerdo con su gusto propio. Viaje usted a Francia, si no, pida un "pollo a la provenzal"… y caerá en la cuenta de que nada tiene que ver con "la provenzal" que le ofrecen aquí nuestros restaurantes. (Yo que usted me ahorraría el viaje para evitar odiosas comparaciones.) Las salsas que figuran en este capítulo son la versión simplificada de fórmulas que quizás en sus orígenes llevaron horas y horas —y a veces días— de preparación. He seleccionado sólo las más conocidas y de aplicación más común. Ojalá la saquen de apuros. Queda usted en plena libertad de modificarlas a su gusto y placer: *Nadie, sino un loco, puede estar siempre en lo justo* (Augusto Hare). No obstante, cualquier parecido que encontrara entre estas salsas y sus homónimas genuinas… ¡qué suerte!

Salsa blanca

Si quiere hacerse la informada, llámela así: "Bechamel". En cuyo caso, pronuncie la "ch" como si estuviera haciendo callar al nene para dormir: "SHHHHHH" (beshhhhamel).

INGREDIENTES

❑ Manteca, 3 cdas.
❑ Harina, 2 cdas.
❑ Leche fría, 1/2 l
❑ Sal, pimienta y nuez moscada, a gusto

PREPARACIÓN

1 Derrita la manteca a fuego suave.

2 Mézclele la harina hasta formar un pasta que los entendidos llaman "roux" ("rux").

3 Aunque la señora de al lado me critique... ¡échele la leche de golpe y fría, mientras bate rápidamente con batidor de alambre! (he aquí el secreto del éxito hasta que la harina se diluya bien).

4 Siga revolviendo continuamente con cuchara de madera hasta que la salsa hierva, espese y, al probarla, usted no frunza la nariz: la harina debe notarse cocida.

5 Retire del fuego y sazone con sal y pimienta y nuez moscada.

Salsa velouté
(pronúnciela así: veluté)

Ingredientes: Son iguales que los de la salsa blanca, pero utilizando caldo (o vino) en lugar de leche.
Un solo detalle: una vez hecha —si lo desea— suavícela con 3 cucharadas de crema de leche y sazónela sólo con sal y pimienta.

Según el líquido que utilice para hacerla, obtendrá "velouté de pescado", "velouté de ave", "velouté de verduras", "velouté de Jerez"... etcétera.

NOTA
Estas proporciones son para una salsa blanca mediana. Si la quiere más liviana, agréguele 1 taza más de leche; si la quiere tipo pegote, espesa, quítele 1 taza de leche.

Mayonesa
(Fórmula tradicional)

¿No sabe hacer mayonesa?... No se desespere: ¡para eso la industria le ofrece excelentes marcas! Pero por si acaso su marido está acostumbrado a la mayonesa que le hacía su mamá... ¡aquí le tiro el salvavidas!

INGREDIENTES

❑ Yemas, 2
❑ Aceite, 200 g
(casi una taza)
❑ Sal y pimienta, a gusto
❑ Jugo de limón o vinagre, a gusto

PREPARACIÓN

1 Ponga las yemas en un bol y condiméntelas a gusto con sal y pimienta.

2 Revuelva o bata continuamente mientras le agrega el aceite en forma de gotas, hasta incorporar 1/4 de la cantidad indicada.

3 Agregue el resto del aceite en forma de hilo fino, mientras revuelve rápido hasta incorporarlo todo.

4 A medida que incorpora el aceite, usted notará que la mayonesa no sólo aumenta de volumen, sino que toma consistencia. Sazónela a gusto.

¿Por qué se puede cortar una mayonesa?

La mayonesa es una emulsión de aceite y huevo. Una sobresaturación de aceite puede desintegrar la emulsión. Esto puede ocurrir si agrega el aceite "de golpe". Recuerde, además, que no debe agregar a las yemas más aceite hasta no haber emulsionado bien la cantidad anterior.

Si pese a todo la mayonesa se le cortara...

Exclame: "Toda desgracia es una lección" y aprenda a componerla por cualquiera de estos métodos:

a) Ponga en un plato sopero 1/2 cucharadita de agua fría o vinagre o jugo de limón; y vaya agregando la mayonesa cortada de a poquito (dije poquito... ¿eh?) mientras revuelve rápidamente con un tenedor, hasta lograr que los elementos se emulsionen.

Continúe así hasta emulsionar toda la mayonesa cortada. Recién entonces, continúe agregándole el aceite que falta, en forma de hilito fino.

b) Ponga en el plato una yema de huevo duro, tamizada. Revuelva mientras le agrega, de a poquito por vez, la mayonesa cortada, hasta emulsionarla toda. Siga agregando aceite, en forma de hilito, hasta terminar.

c) Ponga en el plato 1 cucharada de papa cocida y tamizada, fría. Revuelva continuamente mientras agrega de a poco la mayonesa cortada, hasta emulsionarla toda. Siga agregando aceite, en forma de hilito, hasta terminar.

Mayonesa en licuadora

INGREDIENTES

- Huevo entero, 1
- Sal y pimienta, a gusto
- Aceite, 200 a 250 g
- Jugo de limón o vinagre, a gusto

PREPARACIÓN

1 Coloque el huevo entero en el vaso licuador.

2 Licue mientras le agrega el aceite en forma continua, en forma de hilo fino primero y grueso después, hasta incorporarlo todo. Al principio, usted creerá que la mayonesa jamás tomará consistencia... Pero no se desespere. A medida que agregue el aceite, notará que la mayonesa espesa y el motor de la licuadora empieza a rezongar. Señal evidente de que ya está a punto...

3 Vuelque la mayonesa en un bol y sazónela a gusto con sal, pimienta y jugo de limón o vinagre.

NOTA

La mayonesa hecha de este modo rinde el doble y resulta más liviana.

Mayonesa de claras

INGREDIENTES

- Claras, 2
- Mostaza, 1 cda.
- Jugo de limón, 1 cdita.
- Sal y pimienta, a gusto
- Aceite, cantidad necesaria

PREPARACIÓN

1 Ponga las claras en la procesadora o licuadora, junto con sal y pimienta a gusto (esta mayonesa no puede hacerse a mano).

2 Procese unos segundos.

3 Siga procesando mientras agrega aceite en forma de hilito fino primero, y más grueso después, hasta que la procesadora empiece a rezongar "¡flop! ¡flop! ¡flop!".

NOTA

Trate que la mayonesa no sobrepase el batido pues, de suceder, resultaría demasiado dura.

Salsa Golf

INGREDIENTES

- Mayonesa, 1 taza
- Salsa Ketchup, 1/4 de taza
- Salsa inglesa, 1 cdita.
- Bitter de Angostura, unas gotas (optativa)
- Sal y pimienta, a gusto
- Crema de leche, 1 o 2 cdas. (optativo, para suavizarla)

PREPARACIÓN

1 Mezcle la mayonesa con el ketchup.

2 Sazone con la salsa inglesa, el bitter de Angostura (optativo) y sal y pimienta a gusto.

3 Suavícela —si quiere— con un poco de crema de leche batida espesa.

*S*alsa holandesa

Parece una mayonesa caliente pero más líquida. Se hace con yemas, y en lugar de aceite, lleva manteca. Su principal condimento es el jugo de limón.

Ingredientes

- Yemas, 2
- Agua fría, 2 o 3 cdas.
- Manteca derretida, 250 g
- Sal y pimienta y jugo de limón, a gusto

Preparación

1 Ponga en un bol las yemas y las dos cucharadas de agua.

2 Bata a bañomaría mientras le incorpora de a poco la manteca derretida, como si hiciera mayonesa. No agregue más hasta haber incorporado bien cada adición. (¿Por qué se corta la salsa holandesa…? ¡ésta sí que no la sé arreglar!) Vigile que el agua del bañomaría no hierva.

3 A medida que haga esta operación, intercale 2 o 3 cucharaditas de agua, para facilitar el montaje de la salsa.

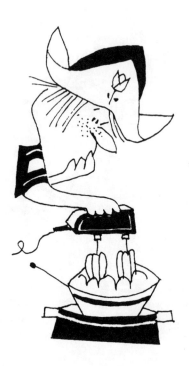

*S*alsa de tomates

(¡Una de tantas…!)

INGREDIENTES

- ❑ Aceite, 4 cdas.
- ❑ Ajo, picadito, 2 dientes
- ❑ Morrón, picadito, 1
- ❑ Cebolla picada, 4 cdas.
- ❑ Laurel, 1 hoja
- ❑ Caldo de verduras, 1 cubito (triturado)
- ❑ Tomates al natural, 2 latas chicas (o su equivalente en tomates frescos pelados, sin semilla y picados)
- ❑ Azúcar, un poquitito
- ❑ Conserva de tomates, diluida en un poco de agua, 1 cda. (optativo)
- ❑ Sal y pimienta, a gusto

PREPARACIÓN

1 Caliente el aceite y rehogue el ajo y el morrón.

2 Agregue la cebolla, el laurel y el cubito de caldo. Rehogue unos instantes.

3 Incorpore el contenido de las latas de tomate, picaditos y con todo su jugo.

4 Hierva destapado, revolviendo ocasionalmente hasta que el líquido se evapore y la salsa espese.

5 Agréguele el azúcar, para neutralizar la acidez del tomate.

6 Retire el laurel e incorpore la conserva diluida en agua.

7 Hierva un minuto y sazone a gusto con sal y pimienta.

Salsa Tuco

INGREDIENTES

- Peceto (u otro trozo de carne), 1/2 kg
- Sal y pimienta, a gusto
- Aceite, 4 cdas.
- Zanahorias cortadas en rodajitas, 2
- Cebolla picada grande, 1
- Vino blanco, 1 taza
- Caldo, 1/2 litro
- Jamón crudo, cortado en tiritas, 50 g
- Hongos secos, remojados en agua tibia, escurridos y picados, 50 g
- Conserva de tomates, diluida en 1 cda. de agua fría
- Laurel, 1 hoja

PREPARACIÓN

1 Sazone el peceto con sal y pimienta. Dórelo en aceite.

2 Agregue la cebolla y rehogue junto con las zanahorias.

3 Incorpore el vino blanco, el caldo, el jamón crudo picadito, los hongos secos y la hoja de laurel.

4 Deje hervir despacito, con la cacerola destapada, hasta que la salsa esté bien espesa y la carne y las zanahorias cocidas.

5 A último momento incorpore la conserva de tomates diluida en el agua; deje hervir y rectifique el sazonamiento (o no) con sal y pimienta a gusto.

NOTA

Si consigue buena salchicha de cerdo, cuando dora el peceto dore también un metro de salchicha cortada en trocitos.

*P*esto

INGREDIENTES

- Dientes de ajo, partidos y sin el brote verde, 10 (o menos, a gusto)
- Hojas de albahaca, 20 (picaditas)
- Nueces picadas, 50 g
- Queso rallado, 100 g
- Aceite, cantidad necesaria
- Agua fría, unas cditas.

PREPARACIÓN

1 Pídale el mortero a la abuela; o si no tiene mortero (o abuela) confórmese con cualquier picadora moderna.

2 Machaque los dientes de ajo con las hojitas de albahaca, hasta convertirlos en pasta.

3 Siga machacando mientras le agrega de a poco las nueces (si no, saltarán a la casa de al lado) hasta incorporarlas todas.

4 Machaque mientras incorpora ahora el queso rallado. ¿Vio que mazacote espantoso logró? ¡Animo! Siga leyendo…

5 Vuelque la pasta en un bol y, mientras revuelve continuamente con espátula de madera, vaya agregándole en forma de hilito fino el aceite necesario como para formar una salsita espesa, alternando con cucharaditas de agua.

6 Sazone con sal a gusto, pruebe… ¡y corra a comer una pastilla de menta antes de besar a su marido! (O hágale probar a él también.)

*S*alsa Vinagreta

Hierva cualquier ingrediente, enfríelo, cúbralo con
esta salsa y ofrézcalo sin temor a equivocarse: "lengua a la
vinagreta"…, "patitas a la vinagreta"…, "berenjenas
a la vinagreta"…

INGREDIENTES

❏ Cebolla cruda, 1
❏ Perejil, 2 cdas.
❏ Pepinitos
pickles, 1 cda.
❏ Alcaparras,
1 cda.
❏ Cebollita de
verdeo (parte
verde), 1 cda.
(o ciboulette)
❏ Huevos duros, 3
❏ Aceite, cantidad
necesaria
❏ Sal, pimienta,
vinagre y mostaza,
a gusto

PREPARACIÓN

1 Mezcle todos los
ingredientes: la
cebolla, el perejil, los
pepinitos,
la cebolla de verdeo,
los huevos duros,
todos bien picaditos,
y las alcaparras.

2 Agregue aceite de
a poquito, hasta
obtener una salsa
espesa.

3 Condimente con
sal, pimienta,
vinagre y mostaza.

4 Utilice bien fría.

Salsa Villeroi

Es una bechamel espesa, con el agregado de yemas, que se usa para revestir ingredientes cocidos que luego se rebozan en huevo batido y pan rallado y se fríen como si fueran vulgares milanesas. Pero no... al cortar, una crema deliciosa volverá locos a los comensales. Esta salsa se convierte en maravilloso disfraz para aprovechar cualquier resto de carne cocida.

INGREDIENTES

❑ Manteca, 3 cdas.
❑ Harina, 3 cdas.
❑ Leche, 1/2 l
❑ Yemas, 2
❑ Sal, pimienta y nuez moscada, a gusto

PREPARACIÓN

1 Derrita la manteca y mezcle con la harina hasta obtener una pasta.

2 Agréguele de golpe la leche fría mientras revuelve rápido con batidor de alambre.

3 Siga revolviendo con cuchara de madera hasta que la salsa espese bien y no se note el gusto de la harina.

4 Retire del fuego y vierta de a poco sobre las yemas batidas, mientras mezcla rápidamente.

5 Sazone a gusto con sal, pimienta y nuez moscada.

APLICACIONES
Soufflé de queso

Los soufflés son una especie de budines muy esponjosos, que no se desmoldan. Una verdadera espuma, que deben servirse inmediatamente de retirados del horno, razón por la cual exigen puntualidad por parte de los invitados. El soufflé que espera… ¡fatalmente llega a la mesa con la cabeza hundida! La base siempre es una salsa blanca tipo pegote, más el ingrediente que le da nombre: "soufflé de queso"…, "soufflé de pollo"…, "soufflé de coliflor"… Si el ingrediente básico es carne, ave, o pescado, debe incorporarse cocido y desmenuzado. Idem si se trata de aquellas verduras que habitualmente comemos hervidas: coliflor, chauchas, etcétera. Sobre la base de esta receta, usted podrá inventar una lista interminable de soufflés salados.

INGREDIENTES

❑ Salsa blanca tipo pegote, 1 taza (ver pág. 108)
❑ Yemas, 4
❑ Queso rallado, 1 taza
❑ Claras a nieve, 4
❑ Sal, pimienta y nuez moscada, a gusto

PREPARACIÓN

1 Bata las yemas y mézcleselas a la salsa blanca.

2 Unale el queso rallado y sazone a gusto con sal, pimienta y nuez moscada.

3 Mézclele suavemente las claras a nieve.

4 Vierta la mezcla en un molde único profundo, bien enmantecado; o en moldecitos individuales igualmente enmantecados. Llénelos sólo hasta la mitad pues crecen mucho al cocinarse.

5 Cocínelos en horno caliente hasta que crezcan, sobrepasen la altura del molde, la superficie se dore y comience a agrietarse.

6 Sírvalos enseguida, sin desmoldar.

NOTA
El soufflé cocido en un molde único lleva aproximadamente 45 minutos de cocción.

TARTAS Y TARTELETAS

Hay infinidad de fórmulas para forrar tarteras o moldecitos de tarteletas. Mis fórmulas preferidas son: una dulce, crujiente, excelente para cualquier postre o tarteletas individuales. Y otra salada, de textura similar a la anterior. Pero también le explicaré una masa hojaldrada, rápida y práctica. Y una masa dulce gorda, un poco asfixiante, por si usted es fanática de las tartas que se venden en pizzerías. Y también, si no tiene ganas de amasar... ¡dos cubiertas de galletitas que también son sen-sa-cio-nales! ¡En fin! Diría Cervantes: *A mucho obligan las leyes de la obediencia forzosa; pero a mucho más las fuerzas del gusto.*

*M*asa dulce crocante

INGREDIENTES

- ❑ Manteca, 100 g
- ❑ Yema, 1
- ❑ Azúcar, 3 cdas.
- ❑ Vinagre, 1 cda.
- ❑ Agua fría, 1 cda.
- ❑ Ralladura de limón o esencia de vainilla, a gusto
- ❑ Harina, 1 taza y cantidad extra

PREPARACIÓN

1 Ponga sobre la mesa la manteca, la yema, el azúcar, el vinagre, el agua y la ralladura o esencia.

2 Aplaste todo con un tenedor hasta obtener una pomada.

3 Incorpórele rápidamente la taza de harina y una todo en un bollo liso y tiernísimo. Si se pegotea, agregue un poquito más de harina extra.

Masa salada crocante

- Manteca, 100 g
- Sal, 1/2 cdita.
- Yema, 1
- Agua helada, 4 cdas.
- Harina, aproximadamente 1 taza

PREPARACIÓN

1 Aplaste sobre la mesa con un tenedor la manteca, la yema y la sal.

2 Cuando todo esté convertido en pasta, agréguele el agua.

3 Incorpórele rápidamente la harina hasta formar un bollo liso y muy tierno.

Masa hojaldrada

INGREDIENTES

- Harina, 1 y 3/4 de taza
- Sal, un poquitito así
- Polvo para hornear, 1 cdita.
- Manteca o margarina, bien fría, 100 g
- Agua helada, 1/4 de taza

PREPARACIÓN

1 Tamice la harina con la sal y el polvo para hornear.

2 Agregue la manteca o margarina y corte todo con dos cuchillos hasta que la manteca quede convertida en granitos.

3 Rocíe el granulado con el agua helada y una los ingredientes con una espátula. Ingéniese para juntarlos, presionarlos y obtener así una especie de pan grandote de manteca, pero de textura irregular. Esta masa no debe trabajarse con las manos, para evitar que el calor de éstas derrita los granitos de manteca. Al permanecer los granitos aislados entre sí, la masa toma al cocinarse una textura especial, hojaldrada.

4 Mantenga la masa en la heladera tapada, hasta el momento de utilizar.

Masa esponjosa salada

INGREDIENTES

❑ Harina, 1 taza
❑ Polvo para hornear,
1 y 1/4 de cdita.
❑ Sal, 3/4 de cdita.
❑ Manteca, 25 g
❑ Crema de leche,
1/3 de taza

PREPARACIÓN

1 Tamice la harina junto con el polvo de hornear y la sal.

2 Agréguele la manteca bien fría y córtela con dos cuchillos hasta convertirla en granitos.

3 Ponga el granulado en un bol, agréguele la crema de leche y revuelva con un tenedor hasta unir todo en un bollo. ¡Nada de amasar! Debe quedar de textura irregular.

4 Mantenga la masa en la heladera hasta el momento de utilizar.

Masa esponjosa dulce

INGREDIENTES

❑ Manteca, 100 g
❑ Yemas, 2
❑ Azúcar, 3 cdas.
❑ Ralladura de limón o esencia de vainilla, a gusto
❑ Vino Oporto,
2 cdas.
❑ Harina leudante, 1 taza

PREPARACIÓN

1 Haga una pasta con la manteca, las yemas, el azúcar, la ralladura o esencia, y el vino Oporto.

2 Mézclele la harina leudante rápidamente, hasta obtener un bollo liso y bien tierno.

Cubierta de galletitas

INGREDIENTES

- Galletitas secas dulce (tipo tostadas o Canale) pulverizadas, 1 y 3/4 de taza
- Azúcar, 1/4 de taza
- Manteca derretida, 100 g

PREPARACIÓN

1 Ponga sobre la mesa el polvo de galletitas en forma de anillo y, en el centro, coloque el azúcar y la manteca.

2 Frote todo entre las manos hasta distribuir bien la manteca y obtener una especie de "arena húmeda".

3 Vuélquela en una tartera enmantecada y, con una cuchara, presione la mezcla contra el fondo y las paredes hasta forrarlo todo en un espesor parejo.

4 Coloque en horno mínimo 15 minutos.

5 Retire y utilice como indique la receta.

Cubierta de chocolate

Mezcle 1 y 3/4 de taza de galletitas de chocolate pulverizadas con 100 gramos de manteca hasta obtener una "arena húmeda". Utilice igual que la anterior.

Masas en el molde

Cómo forrar una tartera con masa crocante dulce o salada

Como son masas muy frágiles, antes que le dé un ataque de nervios porque al estirarla y levantarla se rompe, proceda del siguiente modo:
• Enmanteque y enharine la tartera.
• Aplaste la masa un poco con el palote, dándole forma circular.
• Ponga la masa en el centro de la tartera.
• Con la punta de los dedos, enharinados, vaya presionando la masa dentro de la tartera y estirándola, hasta forrar el molde en forma pareja.
• Recorte el excedente de los bordes.
• Termine el borde con un repulgo prolijo.

Cómo forrar tarteletas

• No estire la masa.
• Limítese a poner un trocito de masa en cada tarteleta y presionarla hasta forrar bien el molde.
• Recorte los excedentes del borde en forma prolija.
• Pinche totalmente cada tarteleta si las cocina vacías.

Cómo forrar una tartera con la masa hojaldrada

• Estírela sobre un papel enharinado. Recórtela de acuerdo al tamaño del molde.
• Ayúdese con el papel para invertirla sobre el molde enmantecado y enharinado.
• Presiónela para adaptarla bien y termine los bordes en forma prolija.

Detalles para la cocción

• Si cocina vacía una tarta o tarteletas hechas con masa crocante (dulce o salada), pinche la masa repetidas veces con un tenedor para que no se infle al cocinar.
• Si se trata de masa hojaldrada o esponjosa, conviene ponerle un papel blanco y encima porotos o garbanzos, para que hagan peso y no se deforme, pues estas masas tienden a levantarse con el calor.
• Cuando prepare una tarta con relleno muy húmedo, conviene que durante los primeros 5 minutos de cocción la apoye directamente sobre el piso del horno. Recién después puede pasarla a un estante central para terminar la cocción.

APLICACIONES
Tarta de berenjenas

INGREDIENTES

- Tarta cruda de masa salada crocante, 1
- Berenjenas, 1 kg
- Manteca, 70 g
- Cebolla, picada finamente, 1 taza
- Queso rallado, 1 y 1/2 tazas
- Huevos, 4
- Sal y pimienta, a gusto
- Jamón cocido picado (o paleta… ¡o salchichón, bah!…), 200 g
- Mayonesa, cantidad necesaria
- Tiritas de morrón al natural, para decorar (optativo)

PREPARACIÓN

1 Pele las berenjenas y hiérvalas en agua hasta que estén tiernas. Escúrralas, exprímalas y píquelas.

2 Derrita la manteca y rehogue la cebolla.

3 Mezcle las berenjenas picadas con 1 taza de queso rallado y los huevos.

4 Sazone a gusto con sal y pimienta.

5 Pique el jamón cocido (¡o lo que sea!) y distribúyalo en el fondo de la tarta cruda.

6 Vuelque sobre el jamón el picadillo de berenjenas.

7 Cocine en horno moderado hasta que el relleno esté firme y dorado.

8 Retire la tarta del horno y cúbrala con una pasta hecha con la media taza de queso rallado restante y la mayonesa necesaria como para darle consistencia untable.

9 Vuelva a poner la tarta en el horno hasta que la cubierta esté firme pero no dorada. Retire del horno.

10 Adorne la superficie con un enrejado de tiritas de morrón.

*T*arta de cebollas

Ingredientes

❑ Masa hojaldrada salada, ver receta pág. 120
❑ Cebollas cortadas en rodajas finas, 1/2 kg
❑ Sal, 1 cdita.
❑ Manteca, 75 g
❑ Pimentón, 1/2 cdita.
❑ Perejil picado, 2 cdas.
❑ Jamón cocido picado, 100 g
❑ Pimienta y nuez moscada, a gusto
❑ Crema de leche, 1/2 taza
❑ Salsa blanca espesa, 1/2 taza (bien condimentada)
❑ Huevos batidos, 3
❑ Queso rallado para espolvorear
❑ Manteca derretida para rociar

Preparación

1 Forre con la masa una tartera enmantecada y enharinada, dejándola finita y de un espesor parejo. Recorte los bordes en forma prolija. Pinche totalmente la masa con un tenedor.

2 Espolvoree los aros de cebolla con la sal.

3 Derrita la manteca, agregue las cebollas, tape y deje cocinar despacio, hasta que las cebollas estén tiernas (se tapan para que no se doren).

4 Vierta las cebollas en la tartera, con todo su jugo.

5 Espolvoréelas con el perejil y el jamón picados.

6 Sazone con pimienta, pimentón y nuez moscada.

7 Mezcle la crema de leche con la salsa blanca y los huevos batidos.

8 Vierta sobre las cebollas.

9 Espolvoree la superficie con el queso rallado (una capa abundante).

10 Rocíe con manteca derretida.

11 Cocine en horno caliente apoyando primero la tartera en el piso del horno durante 5 minutos y luego pasándola a un estante central. Termine la cocción en horno moderado, hasta que el relleno esté firme y la superficie y la masa bien doraditas. Sirva tibia, sin desmoldar.

Quiche Lorraine

Cuando se canse de la palabra "tarta", use la francesa "quiche"…
Suena a distinto pero… ¡son iguales!

Ingredientes

- Masa salada crocante, ver receta pág. 120
- Panceta ahumada magra (sin el cuerito), cortada en tajadas finitas, 200 g
- Queso gruyère, rallado grueso, 200 g
- Crema de leche, 200 g
- Huevos, 3
- Pimienta, a gusto

Preparación

1 Forre con la masa un molde para tarta, dejándola de un espesor de 3 milímetros. (No llore si le sobra masa: agréguele más sal y pimienta y haga con ella excelentes galletitas saladas para el vermut.)

2 Fría la panceta, sin ningún agregado, hasta que esté crocante. Escúrrala sobre el papel absorbente y corte en trocitos.

3 Distribuya la mitad de la panceta sobre el fondo de la tarta cruda.

4 Tape la panceta con el queso gruyère.

5 Sobre el queso distribuya el resto de la panceta.

6 Bata los huevos, mézclelos con la crema y sazone con pimienta.

7 Vierta el batido sobre el relleno.

8 Cocine en horno moderado, hasta que el relleno esté firme y dorado.

Tarta de jamón y queso

INGREDIENTES

□ Masa crocante
salada, ver receta
pág. 120
□ Clara, 1
□ Jamón cocido,
picado, 200 g
□ Queso de
máquina, picado,
200 g
□ Cebollas,
finamente
picadas, 2
□ Manteca, 60 g
□ Leche, 1 taza
□ Huevos batidos, 4
□ Queso rallado,
1/2 taza
□ Pimienta,
a gusto

PREPARACIÓN

1 Forre con la masa un
molde mediano para
pizza (o tartera grande…
¡bah!) enmantecado y
enharinado. Recorte los
bordes en forma pareja y
pinche la masa
totalmente con un
tenedor.

2 Mezcle el queso con
el jamón.

3 Derrita la manteca y
rehogue las cebollas.

4 Vierta la clara en la
tarta cruda y hágala
correr para pintar
bien la masa. Tire el
excedente.

5 Coloque la tarta
vacía en el horno
caliente hasta que esté
sequita, pero sin
dorar. Retire.

6 Cubra el fondo de
la tarta con la
cebolla frita.

7 Tape la cebolla con
el picadillo de queso y
jamón.

8 Mezcle la leche
con los huevos
batidos y el queso
rallado. Sazone con
pimienta.

9 Vierta el batido
sobre la tarta y trate
de que se extienda
bien.

10 Cocine en horno
caliente hasta que
el relleno esté firme
y doradito.

*T*arta de manzanas

INGREDIENTES

❏ Masa
hojaldrada, ver
receta pág. 120

Relleno
❏ Manzanas
peladas, sin
semillas y
cortadas en
rodajitas
transparentes,
3/4 kg
❏ Azúcar, cantidad
necesaria
❏ Ralladura y jugo
de 1 limón

Cubierta
❏ Harina, 3/4 taza
❏ Azúcar, 1/2 taza
❏ Manteca (¡nada
de margarina!…
¿eh?), 100 g

PREPARACIÓN

1 Estire la masa finita
y forre con ella una
tartera enmantecada y
enharinada. Pinche
totalmente la masa con
un tenedor.

2 Espolvoree las
manzanas con azúcar,
de modo que queden
bien recubiertas y
mézcleles la ralladura
y el jugo de limón
(¡use las manos para
mezclar!).

3 Rellene la tarta con
las manzanas.

4 Ponga sobre la
mesa la harina, la
1/2 taza de azúcar y
la manteca.

5 Corte la manteca
con dos cuchillos
hasta convertir
todo en un
granulado.

6 Tape las manzanas
con este granulado.

7 Cocine la tarta
en horno caliente
(primero en el piso
y luego en el
estante central)
hasta que la
superficie se note
crujiente y dorada.

8 Sírvala tibia,
ofreciendo aparte
crema batida.

LA GELATINA

Existe en el mercado una cantidad prodigiosa de gelatinas de fruta preparadas con toda la imaginación de un chico que ve televisión en colores. A cada mamá le bastará con leer las instrucciones del envase, para alcanzar el mismo éxito de la pantalla chica.

Pero hete aquí que la "gelatina salada", con gusto a caldo exquisitamente aromatizado, base fundamental de los aspics, las mousses y savouries salados, ¡todavía no se vende hecha! No hay más remedio que aprender a prepararla en casa. Lo cual, después de todo, no es nada del otro mundo… Se trata, simplemente, de un caldo desengrasado, bien aromatizado, al cual se le agrega una proporción justa de gelatina en polvo sin sabor, para que pueda moldearse perfectamente, sin que resulte demasiado dura ni demasiado blanda. Cuando yo era un poco más grande que ahora (los años me van restando centímetros de altura…) me espantaba la sola idea de comer gelatina. ¿Posiblemente alguna fijación inconsciente de alguna "agua viva" avistada en alguna playa imaginaria?…

Pero cuando entré en la edad de la razón (entrar en algo es algo así como salir de otra cosa) descubrí que, bien aromatizada, la gelatina salada es bocado exquisito. Y a partir de esta convicción, comencé a inventar argumentos para seducir a mi gente. Así descubrí que las ensaladas de verduras o carnes cocidas, ligadas con gelatina, cambian su status de "guarnición" por el de "entrada brillante".

Las carnes y aves cocidas, cubiertas con salsa chaud-froid (que también lleva gelatina) decoradas artísticamente con diferentes ingredientes y luego "lustradas" con gelatina semilíquida… tienen todo el derecho de pedir a gritos un "marchand".

Eso sí: el único consejo válido para que usted invite a sus amigos y éstos aplaudan de pie sus platos a base de gelatina, será que les pregunte al hacerles la invitación: "¿Les gusta la gelatina…?". En caso de que las respuestas sean negativas, queda en plena libertad de saltear este capítulo…

Proporciones básicas

En general, se calculan 40 gramos de gelatina por litro de líquido. Y unos 5 o 10 gramos más en verano, pues la temperatura ambiente elevada puede ablandarlas.

Detalles básicos para lograr una gelatina transparente

• Desengrase el caldo.
• Una vez hervido el caldo con los aromáticos y la gelatina, cuélelo.
• Clarifíquelo y filtre.
• Vuelva a clarificar y filtrar si fuese necesario.

Cómo "clarificar" una gelatina

"Clarificar" significa agregarle un elemento que, con el calor, se coagule enseguida arrastrando las impurezas que hay en suspensión. Para clarificar se usan tradicionalmente las claras de huevo y las cáscaras trituradas, del siguiente modo:

• Bata 1 clara con 2 cucharadas de agua, hasta que esté espumosa.
• Mezcle con la cáscara del huevo, limpia y triturada.
• Agregue todo en el caldo colado e hirviendo (al cual ya agregó la gelatina remojada).
• Baje la llama y deje hervir revolviendo continuamente, hasta que la clara se solidifique, arrastre las impurezas y la gelatina se note transparente.
• Cuele y filtre a través de un género fino (trama similar a la gasa) puesto en un colador de caldo.
• Vuelva a clarificar si fuese necesario, agregando otra clara.

*G*elatina salada

(Receta básica 1 litro)

▞▞▞▞▞▞▞
Ingredientes

❏ Caldo de
verduras, 1 1/4 l
(o el sabor que
prefiera)
❏ Gelatina en
polvo, sin sabor,
40 g (42 es lo
mismo… ¡bah!)
❏ Pimienta en
grano, 1/2 cdita.
❏ Laurel, 1/2 hoja
❏ Estragón seco,
1 cdita. (le da
ese sabor
especialísimo…)
❏ Apio, 1 rama
❏ Perejil,
2 ramitas
❏ Cebolla, 1/2
❏ Jerez (o vino
blanco seco),
1/2 vaso
❏ Jugo de limón,
1 cda.
❏ Sal a gusto

Para clarificar
❏ Claras, 1 (o 2 si
fuese necesario)

Preparación

1 Prepare el caldo, déjelo entibiar y luego colóquelo en la heladera hasta que se enfríe. De este modo, la grasa flotante se solidificará y le resultará muy fácil desengrasar el caldo retirándola con una espumadera. Si el caldo no está bien desengrasado, la gelatina resultará turbia. El éxito de un aspic o un "lustrado" consiste en que la gelatina sea transparente como un cristal. (Si la destina a mousses… ¡olvídese de la clarificación! ¿O no sabía que todas las mousses son opacas de nacimiento?)

2 Una vez desengrasado el caldo, agréguele los aromáticos: la pimienta, el laurel, el estragón, el apio, el perejil y la cebolla. Haga hervir 5 minutos.

3 Remoje la gelatina en un poco de agua fría, hasta convertirla en una pasta.

4 Una vez que el caldo se haya impregnado bien del sabor de los aromáticos, cuélelo y vierta en otra cacerola.

5 Agréguele la gelatina remojada y vuelva a poner sobre el fuego.

6 Revuelva hasta que la gelatina se disuelva.

7 Agréguele el jerez y el jugo de limón. Hierva 1 minuto. Sazone con sal.

8 Clarifíquela como indicamos (ver pág. 130).

Formas de colorear la gelatina

Una vez clarificada la gelatina, usted puede colorearla con el agregado de una o dos gotas del colorante líquido de su preferencia. Aunque lo más común es darle color caramelo con un poco de caramelo líquido: comprado o casero.

Cómo usar la gelatina para "lustrar" o "abrillantar"

Una vez clarificada la gelatina déjela en la heladera unos instantes, removiéndola de vez en cuando con cuchara de madera, hasta que tome un espesor similar al de un jarabe.
Pinte las piezas que necesita "lustrar" ayudándose con un pincel; ponga enseguida las piezas en la heladera, para que el "brillo" se solidifique.

Cómo armar un aspic

Un aspic es como una vidriera. A través de la vidriera (la gelatina) debemos ver los ingredientes que componen el aspic. Pero hay vidrieras y vidrieras… Un buen aspic exige como primer paso una correcta decoración del fondo y de las paredes del molde, teniendo en cuenta la combinación de colores y formas. El día en que usted no se sienta llamada por el arte… ¡desista de hacer aspics! *El arte necesita o soledad, o miseria, o pasión* (Alejandro Dumas, hijo).

1 Prepare por lo menos 1 litro de gelatina salada y clarificada para hacer 6 u 8 aspics; o un aspic en molde único, de rendimiento equivalente.

2 Tenga sobre la mesa, en platitos distintos, los elementos con que piensa decorar exteriormente el aspic. Recuerde que la decoración de la base, al desmoldar el aspic, quedará en la superficie.

3 Humedezca el (o los) molde con agua fría.

4 Vierta en el molde una capa de gelatina que cubra 3 mm el fondo del mismo.

5 Coloque en la heladera, hasta que la gelatina se solidifique.

6 Retire el molde de la heladera y decore esta capa de gelatina solidificada con los elementos que desee, como si realizara un "collage"... (pero usando "gelatina salada líquida" y no cola plástica para adherir los ingredientes). Al pegar cada elemento de la decoración (recortes de morrón, rodajas de huevo duro, recortes de aceitunas, etc.) recuerde que debe mojarlos en la gelatina líquida y apoyarlos sobre la gelatina solidificada de modo que "el derecho" de la decoración adhiera contra la misma.

7 Una vez "pegada" la decoración del fondo y/o los costados, ponga el molde nuevamente en la heladera para que la decoración se fije (la gelatina se solidifique).

8 Rellene el aspic como indique la receta, con una preparación única amalgamada con gelatina espesa; o bien con distintas capas de distintos ingredientes (simpre ligados con un poco de gelatina). Por ejemplo: una capa de blanco de pollo picadito..., otra capa de jamón cocido, otra capa de paté de foie... etcétera. En tal caso, deje solidificar bien en la heladera cada capa, antes de extender sobre ella la siguiente, para evitar que los ingredientes se mezclen entre sí.

Cómo desmoldar un aspic

1 Pase rápidamente la base del molde por un recipiente que contenga agua caliente y desmolde directamente (como si fuera una torta) sobre la fuente (o plato) donde lo piensa servir.

2 A veces conviene humedecer la fuente o plato con un poco de agua fría o jugo de limón para que, si el aspic no cae en el lugar que queríamos que cayera, podamos deslizarlo sin riesgo de que se rompa.

¿Por qué los aspics deben moldearse en la heladera y no en el congelador?

Porque la gelatina sólo necesita un frío moderado para solidificarse. Un exceso de frío la cristaliza, malogrando no sólo su aspecto sino su textura, que nunca volverá a recuperar.

Gelatina picada para adornar fuentes

Se usa mucho para la decoración de fuentes donde se presentan piezas fiambres. Para lograrlo, prepare la gelatina de acuerdo con la receta básica y enfríela en una asadera, de modo que tenga un espesor no mayor de 2 cm.
Una vez firme la gelatina, aplástela con un tenedor para darle aspecto de… ¡vidrio molido!… (detalle exquisito para todos aquellos gourmets que jamás probaron vidrio molido).
La gelatina así tratada puede manipularse perfectamente (si usted es rápida para decorar) colocándola en una manga con boquilla grande de picos.
También puede dejar la gelatina entera y recortarla en formas festivas.

¿Por qué no se pueden armar aspics con ananás fresco?

Las combinaciones "dulces-saladas" me enloquecen. Pero nunca me enloquecí tanto cuando quise preparar un aspic de jamón cocido, pollo cocido y ananás fresco. Al abrir la heladera para desmoldar los aspics… ¡estaban tan líquidos como al comienzo de la receta!
Siglos más tarde descubrí el por qué: el ananás fresco posee una enzima anticoagulante llamada "bromelina"

(¿nunca vio a su abuela, después de un golpe, tomar unas pastillitas llamadas "ananase"? Tal vez sea ésta la razón por la cual mi abuela nunca se pareció a un aspic...) causante fatal de mi fracaso.

Mas si usted está obstinada en aprovechar excelentes ananás frescos para armar su fiambre predilecto (o postre moldeado) no renuncie a él. Armese de coraje y déle un tiro de gracia a la bromelina, para que deje de chantajear a su plato preferido. ¿Cómo? Haciendo hervir unos minutos el ananás fresco (bien peladito) apenas cubierto con agua. *La única ventaja de jugar con fuego, es que aprende uno a no quemarse...* (Oscar Wilde).

VARIANTES
Gelatina de tomates

Esta gelatina —excelente para componer un plato fiambre— merece una explicación aparte, ya que obedece a una fórmula distinta de la receta básica explicada.
Puede prepararla con jugo de tomate envasado o con tomates frescos.
Con estos últimos resultará más transparente.

INGREDIENTES

❏ Tomates frescos, cortados o picados, 3 y 1/2 tazas
❏ Jugo de limón, 2 cdas.
❏ Laurel, 1 hoja pequeña
❏ Azúcar, 1 cdita. (para neutralizar la acidez del tomate)
❏ Blanco de apio, 1 o 2 tallitos (picados)
❏ Cebolla rallada, 1 (o su jugo)
❏ Pimienta en grano, 1/4 de cdita.
❏ Estragón, unas hojitas (optativo)
❏ Sal a gusto
❏ Gelatina en polvo, sin sabor, 2 cdas.
❏ Agua fría, 1/2 taza y 4 tazas adicionales

PREPARACIÓN

1 Hierva durante 1/2 hora los tomates junto con el jugo de limón, el laurel, el azúcar, el apio, la cebolla rallada, la pimienta en grano, el estragón y sal a gusto.

2 Cuele y después filtre a través de un lienzo húmedo.

3 Remoje la gelatina sin sabor en la 1/2 taza de agua fría y mezcle con el jugo de tomate filtrado y caliente. Revuelva hasta que la gelatina disuelva.

4 Agréguele las 4 tazas de agua fría.

5 Ponga en la heladera, mezclando de vez en cuando, hasta que espese como jarabe. Utilice como indique la receta. ¡O moldéela así sola, pues resulta deliciosa!

Aspic de paté de foie y pollo

INGREDIENTES

❑ Gelatina salada
semilíquida, 1 l
❑ Morrones al
natural, 1 lata
chica
❑ Jamón cocido,
cortado en
tajadas, 150 g
❑ Pechuga de pollo
cocida, 1
❑ Paté de foie, 1
lata grande
❑ Discos de
pionono salado, 8
(de diámetro
1/2 cm más grande
que la boca de los
moldecitos que se
usen)
❑ Juliana de
lechuga, para
decorar

PREPARACIÓN

1 Enjuague con agua
fría moldecitos
individuales altos,
similares a los de flan.
No los seque.

2 Vierta en ellos
gelatina salada
hasta cubrir una
altura de 3 mm.

3 Ponga los moldecitos
en la heladera
hasta que la
gelatina esté
firme.

4 Corte discos de
morrón de 2 cm de
diámetro,
aproximadamente,
mójelos en la gelatina
salada, y péguelos en
el centro de los
moldecitos, cuidando
que el "lado derecho
del morrón" (¿no
sabía que lo tiene?)
quede en contacto
con la gelatina.
Ponga en la heladera
hasta que estén
bien pegados.

5 Corte discos de
jamón cocido más
grandes que los
anteriores, mójelos con
gelatina salada y
péguelos sobre los
morrones. Solidifique
al frío.

6 Pique ahora la
pechuga de pollo y
distribúyala en los
moldecitos de modo
que forme un zócalo
que llegue hasta la
mitad de los mismos.

7 Vierta sobre el pollo
gelatina salada hasta
alcanzar su nivel.
Solidifique al frío.

8 Termine de
completar los
moldecitos con el paté
de foie, dejando
3 mm sin
rellenar.

9 Complete la capacidad
de los moldecitos con
gelatina salada.
Solidifique al frío.

10 Para desmoldar, pase rápidamente los moldecitos por agua caliente, y desmolde cada uno sobre un disco de pionono salado.

11 Distribuya los aspics así desmoldados sobre el lecho de juliana de lechuga.

12 Termine la decoración de la fuente con rodajas de tomate, aceitunas, mayonesa... ¡lo que le venga en ganas!

13 Mantenga en la heladera hasta el momento de servir.

NOTA

La misma receta sirve para ensalada moldeada de atún o para utilizar restos de carne cocida, o armar una ensalada con verduras, etc. ¡A imaginar, pues!

Gelatina de frutas
(Receta básica)

INGREDIENTES

❏ Gelatina en polvo sin sabor, 1 cda.
❏ Agua fría, 1/2 taza
❏ Jugo de frutas, bien caliente (si usa ananás fresco, hiérvalo antes), 1 taza
❏ Azúcar o edulcorante, a gusto
❏ Trocitos de frutas (menos ananás fresco), optativo

PREPARACIÓN

1 Remoje la gelatina en el agua fría.

2 Mézclela con el jugo de frutas, bien caliente. Si no quiere modificar con el calor el gusto de la fruta, remoje la gelatina con agua fría, disuélvala a bañomaría y recién entonces únala con el jugo de frutas a temperatura natural.

3 Mézclele —o no— los trocitos de frutas que desee (menos ananás fresco).

4 Endulce a gusto y vierta en el molde elegido, previamente humedecido con agua.

EL MERENGUE

Sucede con el merengue lo mismo que con las cosas simples. Son tan simples… ¡que resultan difíciles de hacer! La queja es unánime: "A mí los merengues me salen chatos"…, "a mí me quedan como chicle"…, "a mí se me queman de arriba y abajo quedan pegajosos". Sin pretender ser sabia, voy a contarle todo lo que sé sobre merengues, luego de una larga experiencia donde ensayé montones de fórmulas diferentes, fracasé día por medio, más de una vez le eché la culpa a MetroGas, o a las gallinas, o al horno, hasta que… ¡al fin!, aprendí a hacer los merengues que parecían de verdad ¡merengues!

CLAVES PARA EL ÉXITO

Tres son las claves fundamentales para no fracasar.

1) Que las claras estén bien "batidas a nieve" antes de incorporarles el azúcar.
2) Una correcta proporción de azúcar según el tipo de merengue que se desee hacer.
3) Un correcto "secado" a fuego mínimo. (Salvo que en lugar de hacer tapitas o placas de merengue lo destine a la decoración de tortas, en cuyo caso sólo necesitará espolvorearlo con azúcar impalpable y gratinarlo en horno muy caliente para que se seque por fuera y quede húmedo por dentro.)

Reconocimiento del "punto de nieve"

Si usted no sabe batir las "claras a nieve", no pretenda que los merengues le salgan bien. He aquí dos formas de reconocer el "punto de nieve".

• Dé vuelta el bol que contiene las claras a nieve; si están a punto, deben mantenerse adheridas al bol, sin deslizarse. Si se caen al suelo… ¿Vio cómo todavía les faltaba batido?

- Corte las claras con la hoja de un cuchillo: al retirar el cuchillo, la hoja de éste debe salir sin adherencias.

Si bate las claras con batidora eléctrica, no se distraiga; un exceso de batido puede producir efectos contrarios: las claras se secarán demasiado y perderán volumen.

El enemigo número uno del punto de nieve: ¡la grasa!

Durante mucho tiempo creímos que vestigios de agua en el batidor o en el bol impedían que las claras montaran "a nieve". Este prejuicio ya quedó atrás. Usted puede batir las claras en un bol humedecido con agua y con el batidor mojado también; e incluso, agregarles, a propósito, hasta 1/3 de taza de agua por cada 4 claras..., las claras batidas con un poco de agua, no sólo alcanzarán el punto de "nieve bien firme" sino que, además, habrán aumentado considerablemente su volumen. El único enemigo real del punto de nieve (aparte de la honestidad de las gallinas, que no nos vendan su mercadería vencida) son vestigios de grasa en el bol o utensilios. De aquí que se recomiende siempre lavarlos previamente con detergente. Por tal razón, también hay que tener cuidado de que no se deslicen en el bol vestigios de yema al separar las claras, pues la yema de huevo es portadora de lípidos antiespumantes.

Proporción de azúcar

- Para un merengue destinado a incorporarlo a una crema o decorar tortas, la proporción es la siguiente: 2 cucharadas de azúcar por cada clara batida a nieve.
- Para hacer tapas de merengue, o merenguitos, tartas, nidos, discos, etc., la proporción es esta otra: 3 cucharadas de azúcar por cada clara batida a nieve.
- Para lograr un secado más rápido, suele agregársele una cucharada de fécula de maíz o 1/2 cucharadita de cremor tártaro por cada 3 claras.

¿Por qué tanto azúcar? Porque para estas especialidades, el merengue debe resultar seco. Y una saturación de azúcar, a cocción suavísima, acelera el proceso de secado. Menos azúcar obligaría a un secado más prolongado en el horno y se correría el riesgo de que los merengues resultaran demasiado dorados o que el azúcar se caramelizara.

¿Batir o mezclar cuando se incorpora el azúcar?

Cada maestrito con su librito... La escuela tradicional recomienda, una vez batidas las claras a punto de nieve, agregar el azúcar en forma de lluvia (no de chaparrón... ¿eh?) mientras se mezcla suavemente (con cuchara, no con batidor) con movimientos envolventes, para no bajar el batido. ¿Que si quedan perfectos así? ¡Diez puntos!

La escuela moderna, en cambio, indica: agregar el azúcar de a cucharaditas por vez, mientras se sigue batiendo enérgicamente hasta incorporarlo todo. Y, por si esto fuera poco... seguir batiendo las claras hasta que el merengue se ponga brillante y haga picos duros. ¿Que si salen perfectos? ¡Diez puntos! Ya ve... en cocina, como en política, hay más de un camino para lograr el mismo fin.

¿Que cuál método prefiero yo? El segundo. Porque, además, el merengue hecho así, batido, se convierte en una excelente imitación del "merengue italiano".

Otros ingredientes que pueden agregarse a las claras

• Cremor tártaro o fécula de maíz, para acelerar el secado.
• Un poquitito de sal: para hacer las claras más consistentes y facilitar el batido.

La temperatura del horno: ¿cocción o secado?

Usted puede saber a la perfección batir claras a nieve; y calcular exactamente la proporción de azúcar. Pero si no sabe manejar la temperatura del horno, jamás podrá hacer tapas de merengue a la perfección (o niditos, o placas, o tartas). ¿Por qué? Porque el proceso que exigen estas fórmulas no es el de una simple cocción, sí el de un lento y prolongado secado. Por tal razón, una vez moldeados los merengues en las placas y espolvoreados con azúcar molida o impalpable tamizada, usted debe:

• Graduar el horno a mínimo. Si el mínimo de su horno es demasiado fuerte, gradúelo con la llave de paso; o deje la puerta del horno entreabierta.

• Recién cuando los merengues, al tocarlos, se noten sequitos, apague el horno y deje los merengues dentro hasta que el horno se enfríe.

• Una vez fríos, bastará darles un ligero golpecito en la base con la punta de una espátula, para que se desprendan fácilmente. Si el merengue se destina simplemente a la decoración de tortas, la función del horno no consiste en secarlo, sino en gratinarlo a fin de formarle una corteza externa. Para esto espolvoree el merengue con azúcar impalpable tamizada e introduzca la torta unos segundos, nada más, en horno requetecaliente, a fin de dorarlo sin que se queme… y en este caso: ¡sin que se seque por dentro!

Merengue común
(Receta básica)

- Claras, 4
- Sal, un poquitito
- Azúcar, 12 cdas.
- Esencia de vainilla, 1 cdita.

PREPARACIÓN

1 Bata las claras junto con la sal hasta que alcancen el punto de nieve.

2 Agregue el azúcar de a cucharaditas, mientras bate enérgicamente después de cada adición, hasta incorporarlo todo.

3 Siga batiendo enérgicamente hasta que el merengue haga picos duros y se ponga bien brillante.

4 Perfume con esencia y utilice como indique la receta.

NOTA

Si el merengue lo usa para decorar, use 8 cucharadas de azúcar solamente.

Merengue italiano

Es un tipo de merengue cocido, en el que el azúcar se agrega de a poco en forma de almíbar a punto de "bolita casi dura", a las claras batidas a nieve.

INGREDIENTES

- Claras, 4
- Azúcar, 200 g (50 g por cada clara)

PREPARACIÓN

1 Bata las claras a punto de nieve bien firme.

2 Cuando les falte poco a las claras para adquirir su punto, coloque el azúcar en una cacerolita y remójelo apenas con agua (que no sobrenade más que un milímetro). Ponga sobre fuego fuerte, mezclando con

❏ Agua, cantidad necesaria
❏ Esencia de vainilla, a gusto

cuchara de madera sólo hasta que el azúcar se disuelva (esto, para evitar que se queme, pero recuerde que el almíbar nunca se revuelve).

3 Deje hervir el almíbar sin revolver, hasta que tome punto de "bolita blanda"... (véase capítulo sobre "almíbar").

4 Una vez a punto las claras y el almíbar, retire éste del fuego y agrégueselo a las claras en forma de hilo finito, mientras bate simultáneamente con batidor de alambre y con todas sus fuerzas, hasta incorporarlo todo. Si la acción no es simultánea y rápida, corre el riesgo de que el almíbar se enfríe, solidifique y el merengue quede grumoso; o que el calor del almíbar cocine las claras y el merengue fracase.

5 Continúe batiendo sin cesar, hasta que el merengue se enfríe. A medida que se enfría, notará que se espesa, se pone brillante y forma picos duros. Si después de agregado el almíbar no continúa el batido hasta que se enfríe, el resultado será desastroso: la mezcla perderá estabilidad y, apenas deje descansar el merengue, el almíbar decantará en el fondo del bol.

6 Perfume con la esencia y utilice como indique la receta. Recuerde que si lo quiere gratinar, deberá espolvorearlo con azúcar impalpable tamizada, antes de introducirlo en el horno.

Merengue suizo

INGREDIENTES

❑ Claras, 4
❑ Azúcar, 12 cdas.
❑ Esencia de
vainilla, a gusto

PREPARACIÓN

1 Ponga en un bol
profundo térmico las
claras sin batir y el
azúcar.

2 Coloque el bol a
bañomaría y bata con
la batidora eléctrica

(aproximadamente
5 minutos) hasta que
espese como turrón.
Perfume con la esencia.

3 Utilice para decorar
tortas o como indique la
receta.

APLICACIONES
Discos o planchas de merengue

PREPARACIÓN

• Forre una placa para horno con papel madera y sobre éste coloque un papel impermeable grueso.
• Dibuje sobre el papel el tamaño del disco o la placa que
quiere hacer.
• Coloque el merengue en la manga y rellene las figuras
comenzando por el centro del rectángulo o disco y tra-
zando las líneas (rectas o curvas) en forma de espiral
(¿existirán las espirales rectangulares?, ¿no?, ¡inventé-
moslas, entonces!), de modo que cada vuelta se toque con
la anterior, hasta alcanzar los límites del dibujo hecho en
el papel.
• Espolvoree la plancha de merengue con azúcar impalpable tamizada.
• Séquela en horno mínimo, con la puerta entreabierta.
• Apague el horno y déjela enfriar dentro. Una vez fría,
despéguele cuidadosamente el papel.

Lemon pie

(Especialidad de mi amiga Pila Casabona, hecho con
leile condensada.)

INGREDIENTES

- Masa dulce
crocante para
tarta (véase
pág. 119)
- Clara, 1
- Leche
condensada, 1 lata
- Ralladura de
limón, 1 cda.
- Jugo de limón,
1/3 de taza
- Yemas, 4
- Merengue suizo
de 4 claras
- Azúcar
impalpable
tamizada, cantidad
necesaria

PREPARACIÓN

1 Forre una tartera
mediana, enmantecada y
enharinada, con la masa
de tarta. Pínchela con un
tenedor, píntela con la
clara y cocínela en horno
caliente
hasta que
esté
sequita, pero
sin dorar.
Retire del
horno, pero
no la
desmolde.

2 Mezcle la
leche
condensada
con el jugo de
limón, la ralladura y
las yemas.

3 Vierta esta mezcla en
la tarta ya cocida y cubra
el relleno total o
parcialmente con el
merengue.

4 Espolvoree el
merengue con azúcar
impalpable tamizada.

5 Coloque la tarta en
horno suave,
aproximadamente
15 minutos, o hasta
que el merengue
esté dorado.

6 Retire del horno,
entibie y ponga en
la heladera hasta
que esté totalmente
fría.

SECRETO SECRETÍSIMO
Muchas señoras se quejan porque el
merengue del "lemon pie" ¡patina
sobre la crema de limón de un lado
para otro! Precisamente para que esto no ocurra es que, una vez armado el pastel,
espolvoreamos el merengue con azúcar impalpable tamizado y lo ponemos 10 o 15
minutos en horno suave hasta que el merengue se dore. De este modo el merengue se
adhiere a la crema de limón, la cual al mismo tiempo tomará más consistencia.

CREMA PASTELERA, CREMA INGLESA Y BATIDO DE FLAN

Estas tres fórmulas básicas de la repostería podría decirse que son gemelas. Todas responden a una misma mezcla de huevos, azúcar y leche. ¿En qué se diferencian, entonces? La crema pastelera admite menos huevos pero tiene más consistencia, pues se espesa con cierta proporción de harina. La crema inglesa, en cambio, lleva muchas yemas. Son éstas las que, en contacto con el calor, permiten espesar la crema. Aunque algunas recetas tradicionales le agregan una mínima cantidad de fécula de maíz, para acelerar el proceso y evitar que se corte. El batido de flan no lleva harina ni fécula; y la proporción de yemas y huevos varía según la receta. En cuanto a la cocción, siempre se realiza a bañomaría sobre la hornalla o al horno, hasta que el batido esté firme.

Crema pastelera

(Liviana)

- Si quiere preparar una "crema pastelera mediana", aumente a 2 las cucharadas de harina al ras y deje igual la proporción de los otros ingredientes.
- Si quiere una crema pastelera "bien espesa", aumente a 3 las cucharadas de harina al ras y deje igual la proporción de los otros ingredientes.

INGREDIENTES

- ❏ Huevo entero, 1
- ❏ Yemas, 2
- ❏ Azúcar, 200 g
- ❏ Vainilla, 1 chaucha (o esencia de vainilla o el sabor que indique la receta)

PREPARACIÓN

1 Ponga en una cacerolita el huevo, las yemas, la harina y el azúcar. Bata ligeramente con un batidorcito hasta mezclar bien todos los ingredientes.

2 Agréguele la vainilla cortada por la mitad a lo largo y la leche fría. Mezcle bien.

3 Siga revolviendo continuamente sobre el fuego hasta que todo hierva, espese y

❏ Harina, 1 cda. al ras
❏ Leche fría, 1/2 litro

"no se le sienta el gusto a harina" (usted me entiende…).

4 Retire del fuego, deseche la vainilla,

vuelque la crema en un bol y siga revolviéndola de vez en cuando hasta que se enfríe, así no se le forma "nata".

Nota

Si no consigue chaucha de vainilla prepare la crema sin ella, y una vez fría, perfúmela con esencia de vainilla.

• Si usa "chaucha de vainilla", cuando la retire de la crema, no la deseche. Métala en el frasco del azúcar molida y, con el pasar de los días, habrá obtenido… ¡azúcar vainillada!

Importante

Si quiere una crema más "fina", en lugar de 1 huevo y 2 yemas use 4 yemas. Y en lugar de harina, fécula de maíz. Pero… ¿la verdad, la verdad? ¿Quién se dará cuenta si la encierra en una torta o baña un budín o rellena con ella bombitas? *¡Cuántos hombres hay felices que no saben quién fue Dante!* (Joaquín Batrina).

Variantes de la crema pastelera

Al chocolate
(Siempre para 1/2 litro de leche)

Junto con la leche agréguele 100 gramos de chocolate cortado en trocitos y un poquitito así de bicarbonato. Lo demás, como indica la fórmula básica.

De nueces

Utilice 3/4 de litro de leche y hiérvala aparte con 1/2 taza de nueces molidas, hasta que la leche tome color "té con leche"... y se haya reducido a 2 tazas (1/2 litro).
Retire, cuele, enfríe y haga la crema como indica la receta básica. Al retirarla del fuego, agréguele 1/2 taza de nueces molidas y 2 cucharadas de coñac.

Al café

Cuando bata las yemas con el azúcar y la harina, agréguele 1 cucharada panzona de café instantáneo.
Una vez terminada y fría, si quiere, aromatice con coñac y agregue más azúcar, a gusto.

Al Grand Marnier
(u otro licor, a gusto)

Prepare una crema pastelera según las indicaciones básicas y, recién cuando esté fría, aromatícela con Grand Marnier, a gusto (u otro licor). Si agrega el licor cuando la crema está caliente, el "espíritu" del licor se volatilizará y... ¡adiós sabor!

Al limón o a la naranja

Cuando agregue la leche, agregue también una cáscara de limón o de naranja (parte amarillita solamente, para no darle sabor amargo). Si quiere reforzar el sabor elegido, cuando la crema esté fría agréguele 1 cucharadita de ralladura de limón (o naranja) o 2 cucharadas de triple sec, curaçao u otro licor de gusto similar (a cítrico...).

Al dulce de leche

Haga una crema pastelera básica a la vainilla y, al retirarla del fuego y volcar en un bol, agréguele 50 gramos de manteca y 2 cucharadas de dulce de leche de repostería. Revuelva hasta que la manteca se derrita. Y siga revolviendo de vez en cuando, hasta que la crema se enfríe por completo.

Crema inglesa
(Receta básica)

INGREDIENTES

❏ Yemas, tamizadas, 6
❏ Vainilla, 1 chaucha, cortada por la mitad a lo largo (o en su reemplazo: esencia)
❏ Azúcar, 150 g
❏ Leche fría, 1/2 l

PREPARACIÓN

1 Ponga todos los ingredientes en una cacerolita (si usa esencia de vainilla agréguela a la crema recién cuando esté hecha, de lo contrario se evaporará el sabor).

2 Mézclelos con un batidorcito de alambre.

3 Revuelva la mezcla continuamente sobre el fuego hasta que la crema espese ("hasta que cubra la cuchara", diría mi abuela...) pero sin que llegue a hervir. Si hierve... ¡se corta!

4 Retírela enseguida del fuego y cuélela en un bol frío, a fin de interrumpir la cocción.

5 Mézclela de vez en cuando, hasta que se enfríe, para evitar que se le forme "nata" en la superficie.

NOTA

Si usted prefiere la crema más espesa, agregue a los ingredientes 1 cucharadita de fécula de maíz.

*F*lan de vainilla
(Receta básica)

INGREDIENTES

❏ Azúcar, 1 taza para acaramelar la budinera
❏ Huevos, 6
❏ Yemas, 2
❏ Azúcar, 200 g
❏ Leche, 3/4 l
❏ Esencia de vainilla, 1 cdita.

PREPARACIÓN

1 Vierta la taza de azúcar en una sartén y colóquela sobre fuego vivo. Cuando note que empieza a fundirse (el azúcar, claro está…) revuelva con cuchara de metal continuamente hasta que se convierta todo en caramelo líquido.

2 Vierta el caramelo en una budinera de 22 cm de diámetro, cálcese las agarraderas, esconda la panza y haga girar lentamente la budinera para que el caramelo cubra totalmente el molde. Si no quiere arriesgarse… ¡deje que el caramelo se quede lo más pancho en el fondo del molde! Rápidamente, extiéndalo con una cuchara. Déjelo enfriar.

3 Ponga en un bol los huevos, las yemas, los 200 gramos de azúcar y la esencia. Mezcle apenas con un batidorcito y agrégueles la leche fría.

4 Cuele la mezcla en el molde acaramelado.

5 Ponga la preparación a bañomaría, de modo que el agua llegue hasta los 2/3 de la altura del molde.

6 Cocínelo en horno moderado, cuidando que no hierva el agua del bañomaría. Para esto, de vez en cuando, échele al bañomaría chorritos de agua fría.

7 Cuando el flan esté doradito y firme al tacto (yo que usted le clavo una brochette "delicadamente"; si sale limpita… ¡listo!) retire la budinera del bañomaría y deje enfriar muy bien en el molde. Una vez frío, estaciónelo un par de horas en la heladera y luego desmóldelo. Todo esto es lo fundamental para que al desmoldar el flan no se le deshaga en mil pedazos…

Detalles importantes para tener en cuenta

Para que resulte cremoso:

- El agua del bañomaría no debe hervir. Si hierve, como el batido de flan no está ligado con fécula ni harina, la temperatura excesiva "cocinará" los huevos y el flan saldrá seco y "con ojos".

Para que resulte tipo "corcho", con ojos:

- ¡Olvídese para siempre del consejo anterior, deje que hierva el agua del bañomaría y que el flan sobrepase su punto de cocción!

Para que no escasee el almíbar del flan:

- Generalmente, cuando uno desmolda un flan, gran parte del caramelo (que es lo que más me gusta a mí) queda adherido a la base o costados del molde. Proceda así para obtener un "almíbar extra". Agregue en la budinera 1 taza de agua caliente y póngala sobre el fuego. A medida que el caramelo se caliente, vaya desprendiéndolo con un tenedor, cuchillo o lo que crea mejor. Una vez desprendido el caramelo, déjelo hervir en el agua que agregó, hasta que se disuelva y todo se transforme en un almíbar espesito. Cuélelo y viértalo en una salsera. Espere a que se enfríe y ofrézcalo a cada comensal para que chorree a gusto su porción de flan.

Flan de claras

Prepárelo igual utilizando en lugar de yemas y huevos, 8 claras. Aumente la esencia de vainilla a 1 cucharada y agregue a la mezcla un poquitito de colorante vegetal amarillo o un poco de cúrcuma para darle color amarillento.

Aplicaciones
Islitas flotantes "Tata"

Ingredientes

❏ Crema pastelera a la vainilla o al chocolate, 1/2 l
❏ Merengue suizo de 3 claras
❏ Azúcar molida extra, 1/2 taza

Preparación

1 Vierta la crema pastelera fría en una fuentecita algo profunda.

2 Ponga a flotar sobre ella el merengue, distribuido en 6 copos que no se toquen entre sí.

3 Coloque la media taza de azúcar en una sartén, sobre fuego vivo. Cuando note que los bordes del azúcar comienzan a fundirse y tomar color, revuélvalo constantemente con una cuchara, hasta que se funda por completo y convierta en caramelo (¡cuide que no se le queme!…).

4 Con ayuda de una cuchara, vierta de a poquito y rápidamente ese caramelo sobre los copos de merengue (y desde cierta altura) a fin de envolverlos en "hilos crocantes y deliciosos".

5 Estacione la crema en la heladera y sírvala bien fría.

Tarantela

INGREDIENTES

❑ Batido de flan
hecho con 1 litro
de leche (en lugar
de 3/4) (véase
receta básica,
pág. 151)
❑ Pan del día
anterior, cortado
en rodajitas de
3 mm de espesor,
cantidad necesaria
(o tajadas
descortezadas de
pan lácteo)
❑ Manzanas
deliciosas grandes
y cortadas en
tajaditas
transparentes, 2
❑ Manteca blanda,
cantidad necesaria
❑ Ron o coñac
(optativo)
❑ Azúcar, cantidad
necesaria
❑ Crema chantillí,
200 g (optativo)

PREPARACIÓN

1 Acaramele un molde
tipo savarín grande, de
unos 26 cm de diámetro.

2 Enmanteque
rodajitas de pan de un
solo lado.

3 Rellene el molde
acaramelado del siguiente
modo: una capa de pan,
con la manteca hacia
arriba; una capa de
rodajitas de manzana;
otra de pan…, otra de
manzanas…, etcétera,
hasta terminar con una
capa de rodajitas de pan,
esta vez con la parte
enmantecada hacia abajo.

4 Vierta el batido de
flan sobre el pan,
levantando los bordes
con un tenedor para
que el batido escurra
hacia el fondo del
molde.

5 Cocine la "tarantela" a
bañomaría en horno
moderado; y no se
espante si el pan o las

manzanas comienzan a
nadar… Debe cocinarse
por lo menos durante
1 y 1/2 hora, o hasta
que esté doradito y
firme.

6 Retire el molde del
horno y rocíe la
superficie del budín
con ron o coñac (si
quiere…). Deje enfriar
el budín en el molde.
Recién entonces
desmóldelo
directamente sobre la
fuente donde lo piensa
servir. ¡Sorpresa!… El
"flan" quedará arriba,
y las manzanas, abajo.
Queda librado a su
conciencia el ofrecer,
con cada porción, un
copo de chantillí…
¡Glup!

S.O.S. PARA LA REPOSTERIA

Más de una vez se encontrará con una receta que le recomienda: adorne con chantillí…, rellene con crema pastelera…, decore con praliné…, bañe con glasé real… ¡ufa! No es posible saberlo todo. Ni saludable… Fíjese lo que decía Unamuno: *Lo sabe todo, absolutamente todo. Figúrense lo* *tonto que será…* Este capítulo está inventado especialmente para la gente inteligente que no sabe todavía hacer chantillí… ni praliné…, ni glasé real…, ni otras "monerías".

Diría Byron: *La verdad es siempre cosa extraña; más extraña que una ficción.*

Glasé real

INGREDIENTES

❏ Clara de huevo (¿de qué iba a ser, si no?), 1
❏ Azúcar impalpable tamizada, 250 g
❏ Jugo de limón, unas cuantas gotas

PREPARACIÓN

1 Ponga la clara en un bol y agréguele de a poco el azúcar impalpable tamizada, mientras bate enérgicamente hasta obtener una crema bien esponjosa.

2 Agréguele unas gotas de jugo de limón para que quede bien blanco.

3 El punto del glasé real para decorar se comprueba cuando al apoyar sobre él una cuchara y levantarla de golpe, se forma un piquito que no se dobla.

4 Si quiere hacer un glasé real más liviano, para untar o bañar galletitas, agréguele menos azúcar impalpable (200 gramos serán suficientes).

Baño azucarado de glasé

- ❏ Glasé real, de 1 clara (bien firme)
- ❏ Cremor tártaro, 1/2 cdita.
- ❏ Almíbar a punto de hilo flojo, un poquito

PREPARACIÓN

1 Prepare el glasé real como de costumbre, pero con el agregado del cremor tártaro.

2 Ponga el glasé en un bol y agréguele de a poquito la cantidad de almíbar necesaria hasta obtener un baño que corra por sí solo (comience por 1 cucharadita…).

3 Utilice enseguida.

NOTA

Este baño es ideal para bañar galletitas.

Mermelada reducida

¿Entre nosotras? Es como si le rebajáramos el punto a una mermelada —agregándole agua— y la convirtiéramos en un almíbar liviano, ideal para abrillantar piezas de repostería.

INGREDIENTES

- ❏ Mermelada de damascos (o el sabor que prefiera), 4 cdas.
- ❏ Azúcar, 2 cdas.
- ❏ Agua, 6 cdas.

PREPARACIÓN

1 Ponga en una cacerolita todos los ingredientes y revuelva continuamente hasta que la mermelada se disuelva y tome punto de hilo flojo.

2 Cuele.

3 Utilice con pincel (¡o con lo que le parezca mejor!).

Crema chantillí

Aunque parezca una paparrucha… ¿quién no me dice que usted todavía no sabe hacerla? ¡Recuerde que éste es un cuadernillo de "cocina básica"!

INGREDIENTES

❏ Crema de leche, 200 g
❏ Azúcar, 3 cdas. (o menos, a gusto)

PREPARACIÓN

1 Ponga en un bol la crema de leche y el azúcar.

2 Bata todo junto con el batidor (o con lo que quiera) hasta que la crema espese. Cuando espese, bata con mucha cautela porque enseguida toma punto. El punto exacto de la crema chantillí es cuando, al levantar el batidor (o cuchara, o tenedor, etcétera), la crema adherida al utensilio forma un piquito que no se dobla. ¡Deje de batir!

3 Si continúa el batido después de haber llegado al punto exacto, la crema se corta, comienza a convertirse en manteca y a soltar el suero. Esto puede ocurrir no sólo por exceso de batido, sino por exceso de calor. Por eso en verano se aconseja utilizar la crema muy fría o bien batirla apoyando el bol sobre hielo.

4 Si la crema se cortara… no haga un escándalo. Siga batiendo como si tal cosa, creyendo en esta frase de Porchia: *Si no levantas los ojos, creerás que eres el punto más alto.*

5 Siga con la vista baja mirando lo que está batiendo y, cuando note que toda la manteca se aglutinó y flota en un líquido blanquecino (el suero), lávela bajo la canilla (¡No!… Con detergente, ¡no!). Para esto, ponga el bol bajo el chorro de la canilla y siga amasando la manteca con un tenedor y escurriendo el agua, hasta que ésta salga limpia.

6 Así habrá obtenido una excelente base para transformarla en "crema de manteca".

Crema de manteca a la vainilla (en crudo)

INGREDIENTES

❏ Manteca, 200 g
❏ Azúcar impalpable tamizada, 3/4 de taza
❏ Esencia de vainilla, 1 cdita.
❏ Yemas, 4

PREPARACIÓN

1 Bata la manteca hasta obtener una crema.

2 Agréguele de a poco el azúcar impalpable y siga batiendo hasta incorporarlo todo.

3 Incorpórele las yemas de a una por vez.

4 Perfume con la esencia.

Crema de manteca a la vainilla (cocida)

INGREDIENTES

❏ Manteca, 200 g
❏ Azúcar, 3/4 de taza
❏ Agua, cantidad necesaria
❏ Yemas, 4
❏ Esencia de vainilla, 1 cdita.

PREPARACIÓN

1 Bata la manteca hasta obtener una crema.

2 Ponga el azúcar en una cacerola y cúbralo apenas con agua. Haga hervir sin revolver.

3 Bata las yemas.

4 Cuando el almíbar tome punto de hilo fuerte, agréguelo de a poquito a las yemas, mientras bate simultáneamente hasta incorporarlo todo.

5 Enfríe.

6 Agregue de a poco este almíbar de yemas a la manteca batida.

7 Ponga en la heladera hasta que tome la consistencia deseada.

VARIANTES DE
LA CREMA DE
MANTECA
A LA VAINILLA

Al chocolate: Incorpórele 150 gramos de chocolate derretidos con un poquito de leche y reduzca el azúcar a 1/2 taza.

Moka: Agréguele una cucharada de café instantáneo y 2 cucharadas de coñac.

Al praliné: Agréguele una taza de praliné de nueces o almendras.

De nueces: Hierva un 1/3 de taza de leche con 50 gramos de nueces. Cuando tome color de nuez, cuélela y agréguela tibia, de a poquito, a la manteca. Incorpore entonces las yemas, el azúcar y 50 gramos de nueces recién molidas o picadas. Perfume con un poquito de coñac.

*B*año seco de cacao

INGREDIENTES

❏ Azúcar, 2 tazas
❏ Sal, 1/2 cdita.
❏ Cacao, 3/4 de taza
❏ Yemas, 2
❏ Leche, 1 taza
❏ Manteca, 2 cdas.
❏ Esencia de vainilla, 1 cdita.

PREPARACIÓN

1 Coloque en una cacerolita el azúcar, la sal, el cacao, las yemas y la leche. Mezcle bien.

2 Ponga a hervir sobre fuego fuerte, sin revolver, hasta que tome punto de bolita blanda.

3 Retire del fuego y agregue la esencia y la manteca.

4 Bata enérgicamente con cuchara de metal, hasta que el baño comience a espesar y tenga consistencia como para cubrir. Utilice enseguida.

NOTA

Si el baño llega a secarse en la cacerola (sucede en las mejores familias…), ablándelo sobre el fuego con un poco de leche o crema. Y siga el procedimiento como indica la receta. Si luego de bañar la torta precisa emparejarlo, utilice una espátula mojada en agua caliente.

Cubierta de azúcar

Se trata de una pasta maleable como el mazapán pero mucho más elástica. Es ideal para forrar tortas y luego decorarlas con glasé.

INGREDIENTES

❑ Agua, 5 1/2 cdas.
❑ Gelatina en polvo, sin sabor, 1 y 1/2 cda.
❑ Glicerina, 1 y 1/2 cda.
❑ Glucosa, 200 g
❑ Vegetalina, 3 cdas.
❑ Azúcar impalpable tamizada, 1 kg

PREPARACIÓN

1 Disuelva a bañomaría, en una cacerolita: la gelatina en polvo sin sabor remojada en el agua fría, la glicerina y la glucosa.

2 Cuando todo esté bien fundido y mezclado, retire del fuego y, mientras está caliente, agréguele la vegetalina. Revuelva hasta que ésta se funda.

3 Ponga 1/2 kilo de azúcar impalpable tamizada sobre la mesa, en forma de anillo.

4 Coloque en el centro la mezcla de gelatina.

5 Una todos los ingredientes, amasando.

6 Continúe amasando mientras incorpora, de a poco, el resto del azúcar impalpable tamizada. Habrá obtenido así un bollo liso y compacto, que no se pegará a las manos ni a la mesa.

Para utilizar

1 Tome la porción de pasta necesaria y, sobre la mesa espolvoreada con azúcar impalpable tamizada (y palote igualmente espolvoreado), estire la pasta, como si fuera una masa, dejándola del espesor deseado (cuanto más fina, mejor). Pero tenga en cuenta que esta masa tiene mucha elasticidad. De modo que si la estira demasiado fina… ¡qué miedo!

2 Pinte la superficie de la torta que desea forrar, con una capa finita de dulce de leche (incluidos los costados y recortes que tuviera).

3 Enrosque la masa en el palote y desenrósquela sobre la superficie de la torta, dejándola caer. La elasticidad de la masa hará que ésta caiga sobre su propio peso, forrando en forma uniforme —y sin resquebrajarse— toda la superficie de la torta.

4 Recorte los excedentes de baño de la base.

5 Deje orear muy bien antes de decorar con glasé.

Forma de almacenar esta masa

1 Envuelva la masa en una bolsa de polietileno, tratando de quitarle todo el aire posible.

2 Almacene en la heladera.

3 Si en el momento de utilizar estuviera muy seca, humedézcase las manos con agua y amásela enérgicamente.

NOTA

Esta masa puede colorearse con cualquier colorante vegetal. En tal caso se recomienda el uso del colorante en pasta para no bajar el punto de la masa. Si no tiene más remedio que usar colorantes líquidos, agréguele a la masa un poco de azúcar impalpable tamizada para que tenga la consistencia exigida.

*C*ubierta húmeda de cacao
(Sirve también como relleno)

INGREDIENTES

❏ Crema de leche, 200 g
❏ Cacao amargo, 2 cdas.
❏ Dulce de leche, 1/2 kg

PREPARACIÓN

1 Ponga todos los ingredientes en un bol y bata hasta obtener una crema espesa, que haga picos como la crema chantillí (¡que no se le corte!).

2 Mantenga en la heladera hasta el momento de utilizar.

Praliné de nueces
(o almendras tostadas)

INGREDIENTES

❏ Nueces peladas,
100 g
❏ Azúcar, 1 taza
❏ Manteca,
1 cdita.

PREPARACIÓN

1 Triture las nueces con el palote.

2 Vierta el azúcar en una sartén, coloque a fuego máximo y, cuando comience a fundirse, revuelva con cuchara de metal hasta que se convierta en caramelo (como el que utiliza para el flan).

3 Agréguele enseguida las nueces trituradas, mezcle y vuelque sobre la mesa untada con la manteca.

4 Despegue el "mazacote" con una espátula mientras está tibio (si se enfría… ¡le será más difícil despegarlo!).

5 Una vez frío, rómpalo en trozos y tritúrelo con el palote hasta obtener un granulado fino. Si no lo utiliza enseguida, guárdelo en frascos bien cerrados.

NOTA

Si en lugar de granulado le gusta el praliné hecho polvillo, muela las nueces en la picadora; y haga lo mismo con el praliné, una vez frío y cortado en trozos.

LA MASA BOMBA

Generalmente cuando nombramos la "masa bomba" ("pâte à chou") nuestra imaginación vuela hacia una fuente llena de bombitas de crema que, si se nos antoja, rellenamos con chantillí o helado, chorreamos con salsa de chocolate y nos damos el lujo de llamarlas "profiteroles"; o masa bomba moldeada en forma de bastones chicos que bautizamos "éclairs"; o bastones gordos, en cuyo caso los denominamos "palos de Jacob"; o a veces cometemos la locura de hacerlas medianas, rellenarlas, pegarlas sobre un disco de masa superponiéndolas en forma de pirámide y hacer un curso de francés acelerado para poder llamar a tan llamativo postre: "¡Croquembouche!".

Rascad al ruso y encontrarás al cosaco... Lo cierto es que llamémosles "bombitas", "éclairs", "profiteroles", "palos de Jacob", o "croquembouche"... todas estas especialidades, con nombres tan diferentes, son descendientes directos de la popularísima y simplísima "masa bomba".

Pero el asombro va más allá de la repostería. A partir de esta masa básica —agregándole o quitándole algún ingrediente— también pueden obtenerse tentadoras e increíbles especialidades de la cocina internacional, que aparentemente nada tienen que ver con ella. ¡Pero yo insisto en que sí! Usted aprende a hacer el engrudo básico para hacer masa bomba y, a partir de allí, podrá derivar la masa de los "sorrentinos" (los auténticos...), los "ñoquis vieneses", los popularísimos "churros" de la cocina madrileña...

Por supuesto que la mayoría de estos increíbles "parientes" no se parecen en nada a su respetable "masa-madre", pues al cocinarse por hervido o fritura y no al horno, la textura resulta totalmente diferente.

Una sola cosa es cierta: aprenda usted a hacer a la perfección "masa bomba" y habrá aprendido a hacer "de memoria", y sin proponérselo, un recetario sorprendente.

Masa bomba
(Receta básica)

INGREDIENTES

- ❑ Agua, 1 taza
- ❑ Harina, 1 taza
- ❑ Sal, un poquitito
- ❑ Manteca, 70 g (o margarina)
- ❑ Huevos, 4

PREPARACIÓN

1 Ponga en una cacerolita el agua, la sal y la manteca. Haga hervir.

2 Cuando el agua rompa el hervor, agregue de golpe la harina, mientras revuelve rápidamente con cuchara de madera hasta que se forme un engrudo pesado y espantoso, que se aglutine y desprenda fácilmente de las paredes y del fondo de la cacerola. (Revuelva constantemente sobre el fuego, para que no se le queme.)

3 Retire la masa del fuego y vuelque en un bol. Espere unos instantes para que la masa pierda un poco de calor, pero que no se enfríe.

4 Bata los huevos y agréguelos de a poquito al "engrudo", batiendo bien después de cada adición. De este modo, al agregar los huevos batidos gradualmente en lugar de agregarlos enteros como indican las recetas clásicas, evitará que la masa se "corte" y tenga que batir enérgicamente después de cada agregado para volver a unirla. (Pero si a usted no le gustan las innovaciones… ¡haga lo que más le plazca!)

5 Una vez incorporados los huevos, coloque la masa bomba en una manga con boquilla lisa o rizada del tamaño que desee hacer las bombitas (recuerde que al cocinarse se inflan y aumentan dos o tres veces su tamaño inicial) y trace copitos espaciados entre sí sobre las placas enmantecadas y enharinadas. Si no tiene a mano una manga de

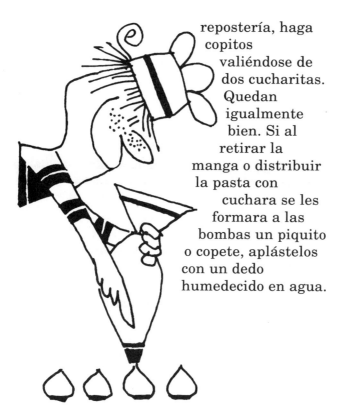

repostería, haga copitos valiéndose de dos cucharitas. Quedan igualmente bien. Si al retirar la manga o distribuir la pasta con cuchara se les formara a las bombas un piquito o copete, aplástelos con un dedo humedecido en agua.

6 Cocine las bombitas en horno requetecaliente primero, hasta que se inflen bien, y luego continúe la cocción a fuego mínimo, hasta que se sequen y doren. Si usted, entusiasmada, retira las bombitas del horno apenas se inflan... la humedad interna las hará achatar y usted creerá que ha fracasado. El secado en el horno es fundamental para que conserven su forma.

Detalles

Los ingredientes de esta receta obedecen a una fórmula exacta. Pero nada es exacto en la cocina... Hay harinas que absorben más líquidos y otras, menos; huevos que pesan 50 gramos (lo normal) y otros que parecen haber sido puestos por gallinas subdesarrolladas. Por tal razón me parece oportuno recordarle cómo debe reconocer el punto exacto de la masa bomba, a fin de agregar —o no— más cantidad de huevo o restarle de la cantidad indicada.

El punto exacto de la masa bomba se logra... cuando al levantarse una porción de pasta con la cuchara e invertir ésta sobre el bol, la masa se desprende por su propio peso. Señal de que no necesita más agregado de huevos. Si, en cambio, permanece adherida a la cuchara, agréguele de a poquito parte de un huevo batido, hasta llegar al punto explicado anteriormente.

- Una masa bomba dura, fuera de punto, al cocinarse resulta pesada y llena de miga. No se infla bien.
- Una masa bomba demasiado blanda, pasada de punto, dará bombitas livianas y huecas, pero sumamente chatas.

Profiteroles al chocolate

INGREDIENTES

❏ Bombitas
cocidas, de tamaño
mediano (ver
receta básica
pág. 164)

Helado de crema
❏ Leche, 2 tazas
❏ Fécula de maíz,
1 cda.
❏ Azúcar,
3/4 de taza
❏ Clara batida a
nieve, 1
❏ Esencia de
vainilla, 1 cdita.
❏ Crema de leche,
batida espesa
200 g

**Salsa de
chocolate**
❏ Manteca, 1 cda.
❏ Bicarbonato de
sodio, 1/4 de cdita.
❏ Azúcar, 3 cdas.
❏ Chocolate, 150 g
❏ Crema de leche,
200 g (o leche…
¡bah!)

PREPARACIÓN

Helado de crema

1 Mezcle en una cacerolita la leche, la fécula de maíz y el azúcar. Revuelva continuamente sobre el fuego hasta que hierva y espese.

2 Retire, perfume con la esencia y vierta, caliente, sobre la clara batida a nieve, mientras revuelve rápidamente hasta incorporarla toda.

3 Una vez fría, mézclele la crema de leche batida espesa. Vierta en un molde de metal y congele.

4 Una vez duro el helado desmóldelo, córtelo en trocitos y póngalos en la batidora hasta obtener una crema. Vuelva a poner esta crema en un molde y colóquela en el congelador hasta que esté firme.

Salsa de chocolate

1 Ponga en una cacerola la manteca, el azúcar, el bicarbonato, la crema de leche (o la leche) y el chocolate cortado en trocitos.

2 Revuelva continuamente con cuchara de madera hasta que el chocolate se funda y todo espese.

Presentación

1 Rellene las bombitas con una buena porción de helado, de modo que queden con la boca entreabierta.

2 Apile 4 o 5 bombas en cada plato de postre y al servirlas, chorréelas con la salsa de chocolate fría o caliente.

EL BIZCOCHUELO

Aunque todas las recetas del mundo tengan derecho a ser importantes, hay algunas —como el bizcochuelo— que por mérito propio sobrepasan a otras en el amplio espectro de la cocina. ¿Por qué?

Quizá porque tiene alma de "madre"... ("padre"... ¡perdón!). Si usted aprende a hacer bizcochuelo a la perfección, sabrá también hacer placas de arrollado, vainillas, princesas y todas las clases de "gateau" que su imaginación pueda soñar. El bizcochuelo pertenece a esa categoría de recetas que deberíamos aprender de memoria porque muchas veces tenemos que recurrir a ellas.

¿QUÉ ES UN BIZCOCHUELO?

La pregunta parece ingenua. Sin embargo, la gente está acostumbrada a llamar así a cualquier pedazo de torta. Pero en mi jerga esto no cabe. El bizcochuelo tiene "identikit" inalienable. Se prepara sólo con 3 ingredientes: huevos, harina y azúcar (más el perfume o sabor que le quiera agregar). Y lo fundamental es que no lleva ningún ingrediente graso (salvo que usted sea tan detallista que acuse a las pobres yemas de huevo...).

Una receta tan simple, sin embargo, suele ser el "fantasma" de muchas principiantes y veteranas. La fórmula del bizcochuelo no tiene secretos... pero sí exigencias. Sobre todo una: obedecer la explicación de una buena receta. Aunque sé que al decir esto usted tendrá todo el derecho de contestarme, como San Juan de la Cruz: *Déjate de enseñar, déjate de mandar, déjate de sujetar y serás perfecto.* ¡Humm!... ¿Conoce usted a alguna cocinera perfecta? Entonces, permítame que le cuente mis experiencias.

ELEMENTOS QUE SE NECESITAN PARA HACER UN BIZCOCHUELO

• Huevos
• Harina tamizada
• Azúcar
• Esencia, a gusto
• Batidora eléctrica, si lo hace con huevos enteros
Una gran musculatura y perseverancia, si lo hace "a pulmón" (batiendo a mano).
Y en este caso, por supuesto, un batidor de alambre (aunque yo, más de una vez, me he arreglado batiendo con dos tenedores...).

SECRETOS PARA QUE SALGA BIEN

Elegir huevos frescos. Esto significa, simplemente, que la gallina no haya especulado con los precios y sus productos lleguen al mercado con fecha vencida. Un huevo "viejo" tiene la clara muy acuosa y por eso el batido "levanta" poco. Hay especialistas que afirman, también, que los huevos no deben usarse fríos, recién sacados de la heladera, sino a temperatura normal. Yo le confieso que más de una vez, al verme en apuros, he hecho bizcochuelo con huevos requeterrefrigerados y me ha salido maravilloso. Como soy parte interesada, vuelvo a Balzac para que él opine: *Sólo la casualidad nos hace encontrar lo verdadero...*

Harina común y tamizada. El bizcochuelo no precisa ningún leudante para crecer y tener textura esponjosa. Una harina leudante o el agregado de polvo para hornear (que llevan algunas recetas) lo hará crecer más... pero también lo secará. En cuanto al tamizado, es importante hacerlo para librar a la harina de cualquier impureza; y a la vez, airearla. Pero no cometa el error de tamizarla, y —cuando llegue el momento de incorporarla al batido— ¡echarla de golpe!... Lo único que logrará con esto es que el peso de la harina la haga precipitar y luego le cueste a usted un trabajo bárbaro incorporarla sin que se formen grumos. La forma correcta de agregar la harina tamizada es dejarla en el tamiz (o colador de caldo... ¡bah!) y espolvorearla suavemente sobre el batido. Si la cantidad de harina es importante haga esta adición por lo menos en tres veces, mientras simultáneamente une todo suavemente y con movimientos envolventes. ¿Qué diablos quiere decir esto? Mezclar como si estuviera dando vuelta a la soga en cámara lenta...

EL "PUNTO DEL BATIDO"

Existen dos técnicas para batir los huevos con el azúcar:

1. A mano. Separe las yemas de las claras. Por un lado, bata las yemas con el azúcar y la esencia, hasta que espesen y tomen un color clarito. Por otro, bata las claras a punto de nieve firme. Entonces vuelque las claras a punto de nieve firme sobre las yemas, espolvoréelas con la harina tamizada indicada en la receta, y mezcle todo junto con manos de ángel (léase: "suavemente") y con movimientos envolventes, a fin de "no bajar" el batido. Recuerde que si la cantidad de harina es importante, deberá incorporarla en dos o tres veces.

2. Con batidora eléctrica. Ponga en la batidora los huevos enteros junto con el azúcar y la esencia; bata "a toda máquina" hasta que el batido aumente su volumen, espese y alcance el "punto letra"... mientras usted aprovecha el tiempo para terminar de leer *Andamios* de Benedetti.

¿CÓMO SE RECONOCE EL "PUNTO LETRA"?

Cuando yo era muy chica y quería cocinar y leía recetas y me encontraba con frases absurdas como ésta: "punto letra", pensaba que cocinar era más difícil aún que estudiar inglés.
Siglos más tarde entendí que el tal "punto letra" se logra cuando el batido es tan espeso que, vertiéndolo con una cuchara (sobre el bol donde está el batido), se pueden dibujar letras sin que éstas se deformen. ¿Dicho de otro modo? "Punto letra": un batido espeso como "sabayón".

COCCIÓN:
HORNO
MODERADO,
TIRANDO A
"SUAVE"...
(¡Usted me
entiende!)

Si usted cocina un bizcochuelo en horno muy caliente... ¡seguro que crecerá enseguida! Pero enseguida, también ¡se achicharrará! (córrase esta vez hasta el Diccionario de la Real Academia...). Y no sólo se quemará... ¡sino que no alcanzará a cocinarse por dentro! Mi mamá se lo explicaría así: "¡El bizcochuelo se arrebató!".

Por otro lado, si lo cocina en horno demasiado suave, llevará mucho tiempo de cocción hasta dorarse y estar a punto. Y como usted sabe, una cocción muy prolongada siempre da como resultado una miga seca y abizcochada.

En cuanto a la prohibición de abrir la puerta del horno y espiar la cocción, so riesgo de hacer fracasar la receta... ¡pamplinas! (¿qué antigüedad... no?). Lo que sí sería nefasto es cerrar la puerta del horno dando un portazo, pues todas las burbujas de aire incorporadas con el batido huirían despavoridas... Por idéntica razón está terminantemente prohibido golpear la base del molde contra la mesa para nivelar el batido antes de colocarlo en el horno. ¿Lo correcto? Alisarlo suavemente, con una espátula.

SECRETOS
PARA QUE UN
BIZCOCHUELO
NO LE SALGA
BIEN

• No bata las claras a nieve dura, sino a nieve derretida.
• No bata hasta alcanzar el punto letra sino el punto analfabeto.
• Eche la harina de golpe y mezcle como si fuera un lavarropas.
• Cuando vierta la mezcla en el molde, déle un golpe fuerte sobre la mesa para alisar la superficie en lugar de estirarla suavemente con la hoja de un cuchillo.
• Cierre la puerta del horno de un portazo.

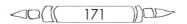

*B*izcochuelo común

═══════════
INGREDIENTES

❏ Huevos, 6
❏ Azúcar, 6 cdas.
gordas
❏ Harina, 6 cdas.
menos gordas
❏ Esencia de
vainilla u otro
perfume, a gusto

PREPARACIÓN

1 Ponga el azúcar y los
huevos en el bol de la
batidora.

2 Bata hasta alcanzar
el "punto letra".

3 Vuelque en un bol y
perfume con la esencia.

4 Tamice la harina
sobre el batido (en tres
veces) mientras
mezcla suavemente
con una espátula, con
movimientos
envolventes, a fin de
airear la preparación.

5 Vuelque en un
molde enmantecado y
enharinado de
tamaño adecuado, de
modo que la
preparación llegue
hasta los 2/3 de su
altura (la altura del
molde, se entiende…).

6 Cocine en horno
moderado hasta que la
superficie esté
doradita y comience a
desprenderse de las
paredes del molde.
Para cerciorarse de
que está cocido, clávele
una brochette o aguja
de tejer hasta el fondo
(¡pero delicadamente!).
Si al retirarla no tiene
adherencias, está
cocido. Si tiene
adherencias de
masa, déjelo
cocinar más.

7 Una vez cocido,
retire del horno y
desmolde sobre
rejilla.

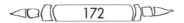

APLICACIONES
Arrollado dulce

INGREDIENTES

❑ Los mismos que
para hacer el
bizcochuelo básico
(o la mitad, si se
quiere hacer un
arrollado más
chico)
❑ Manteca y papel
impermeable

PREPARACIÓN

1 Forre una asadera que no sea enlozada con un papel blanco impermeable. (Si la placa es enlozada, fórrela primero con dos hojas de papel madera y luego una de papel blanco impermeable, pues el hierro calienta mucho y la preparación puede quemarse. El papel madera actúa de aislante.)

2 Enmanteque generosamente el papel blanco, como si le regalaran la manteca...

3 Prepare el batido de bizcochuelo por cualesquiera de los métodos indicados.

4 Vuélquelo sobre el papel y extiéndalo en forma pareja, de modo que quede de no más de 1 cm de espesor.

5 Cocínelo en horno requetecaliente hasta que esté cocido, pero no seco. (Si se seca, se resquebrajará al arrollarlo.) Pruebe el punto de cocción clavándole un palillo. Al retirarlo, no debe tener adherencia de pasta.

6 Extienda sobre la mesa un repasador apenas humedecido y espolvoreado con azúcar molida (o lo que le indique la receta).

7 Retire la placa del horno, levante el papel con las dos manos por uno de sus extremos e inviértalo rápidamente sobre el repasador. (No tema que el arrollado se caiga, pues como el papel no está enharinado, permanecerá adherido a éste.)

8 Presione el papel todo a lo largo con el borde no filoso de una cuchilla. Recién entonces despegue el papel cuidadosamente.

9 Aplique sobre la superficie del arrollado un papel blanco limpio y arróllelo ayudándose con el repasador. Retírelo del repasador y deslícelo sobre una fuente. Deje enfriar.

10 Desenróllelo, quítele el papel y rellene a gusto.

Bizcochuelo o arrollado salado

INGREDIENTES

❏ Yemas, 6
❏ Claras, 6
❏ Sal y pimienta, a gusto
❏ Harina, 6 cdas.

PREPARACIÓN

1 Prepare una placa de horno como indicamos para el arrollado dulce.

2 Bata las yemas con sal y pimienta a gusto, hasta que tomen color limón clarito y espesen.

3 Vuelque sobre ellas las claras batidas a nieve.

4 Tamice la harina sobre las claras (en tres veces) mientras simultáneamente mezcla con movimientos envolventes, tratando de airear el batido.

5 Vierta sobre la placa forrada con papel y cocine como indicamos para el arrollado dulce.
O cocine en un molde enmantecado y enharinado, como cualquier bizcochuelo.

*V*ainillas

INGREDIENTES

☐ Iguales que los
del bizcochuelo
dulce común
☐ Azúcar molida
extra, cantidad
necesaria
☐ Moldes en placa,
especiales para
vainillas

PREPARACIÓN

1 Enmanteque y
enharine los moldes.

2 Prepare el batido
de bizcochuelo.

3 Póngalo en una
manga con boquilla
grande lisa y
con ella rellene los
moldecitos en
placa.

4 Espolvoree cada
vainilla con una buena
capa de azúcar molida.

5 Cocínelas en horno
a temperatura
moderada, hasta que
estén doraditas y un
poco secas (demasiado
tiernas pueden
romperse al
desmoldar).

NOTA

Si no posee moldes especiales, trace bastones espaciados
entre sí sobre placas forradas con papel impermeable enmantecado. Para esto, ponga el batido en una manga con
boquilla lisa y ancha.

Pionono

Sinceramente no sé por qué se llama así esta receta. Sin ninguna intención de ser hereje, siempre asocié el nombre con altos dignatarios de la Iglesia. ¡Pero nada que ver con gorditos! El "pionono" de la repostería es una especie de placa de arrollado así de finita, muy tostada por un lado, que se prepara igual que el arrollado común pero con diferentes proporciones de ingredientes y la adición de un poquito de miel, que es la que le da, de un lado, esa coloración más oscura. Resulta menos esponjoso que el arrollado, pero mucho más elástico.

INGREDIENTES

- ❑ Huevos, 4
- ❑ Azúcar, 40 g
- ❑ Esencia de vainilla, a gusto
- ❑ Harina, 40 g
- ❑ Miel, 1 cdita.

PREPARACIÓN

1 Ponga en el bol de la batidora los huevos, el azúcar y la miel.

2 Agregue la esencia.

3 Bata hasta que la preparación tome "punto letra". Mézclele suavemente la harina.

4 Vierta en una placa forrada con papel blanco impermeable enmantecado y proceda como indicamos para el arrollado común.

5 Retire la placa del horno y tápela con una asadera hasta que se enfríe. De tal modo, el vapor y la humedad que se concentran hacen que la masa tenga una textura especial.

6 Una vez frío, retírele el papel cuidadosamente. O, si quiere, guárdelo enrollado en el papel hasta 4 o 5 días.

Aplicaciones
Arrollado de atún

Ingredientes

❏ Placa de
arrollado salado, 1
❏ Atún envasado
en aceite, 1 lata
grande (400 g)
❏ Huevos duros
picados, 2
❏ Pickles picaditos,
50 g
❏ Morrones al
natural, picados,
1 lata chica
❏ Aceitunas verdes
picadas, 50 g
❏ Lechuga cortada
en juliana, 1 taza
❏ Crema de leche,
batida espesa,
100 g
❏ Sal, jugo de
limón y pimienta,
a gusto

Varios
❏ Mayonesa
❏ Aceitunas verdes
y negras
❏ Tiritas de morrón
❏ Juliana de
lechuga
❏ Rodajas de
tomate, sazonadas

Preparación

1 Mezcle el atún con los huevos duros, los pickles, los morrones, las aceitunas verdes y la taza de lechuga.

2 Ligue con la crema de leche. Debe quedar un relleno espeso, si quedara muy seco, agregue más crema de leche o un poco de mayonesa.

3 Sazone a gusto con sal, jugo de limón y pimienta.

4 Extienda esta pasta sobre la placa de arrollado.

5 Enrolle envolviendo el relleno. Corte las puntas para que los extremos queden prolijos (¿qué espera para comérselos?).

6 Acomode el arrollado en una fuente y úntelo exteriormente con mayonesa.

7 Decórelo a gusto con aceitunas verdes y negras dispuestas en forma alternada con tiritas de morrón. Distribuya alrededor de la fuente juliana de lechuga y sobre ésta acomode las rodajas de tomate sazonadas.

8 Mantenga en la heladera hasta el momento de servir.

Nota
Sobre esta idea invente los rellenos que más le gusten. Un arrollado fiambre es a veces el mejor pretexto para meterle adentro los sobrantes que no sabemos de qué otro modo disfrazar.

EL ALMIBAR
Y SUS PUNTOS

Quizá sea ésta una de las preparaciones auxiliares más usadas en repostería. Sin embargo, el tema suele convertirse en un pequeño fantasma para las principiantes. O en un lenguaje ininteligible: "almíbar a punto de hilo flojo"…, "almíbar a punto de hilo fuerte"… Cada cocinera tiene su jerga propia. Y las cocineras "de carrera" o los chefs de cinco estrellas… ¡un termómetro importado que les da justo, justito, la temperatura de cada punto! O un pesa-jarabe que les determina su densidad.

Siendo como soy, una proletaria de rancia estirpe, explicaré aquí los métodos empíricos (y no por anticuados menos precisos) para determinar cada punto del almíbar. Pero antes, detengámonos a dialogar un poco.

¿QUÉ ES, EN REALIDAD, EL ALMÍBAR?

Es la cocción, más o menos prolongada, de azúcar en agua —o en otro líquido— hasta que, por evaporación, el líquido se concentra y espesa, alcanzando así diferentes densidades o "puntos". Por eso, cuando se realiza el "test" para comprobar si el almíbar ha alcanzado el punto deseado, conviene retirar la cacerolita del fuego, a fin de no prolongar la cocción mientras se hace la verificación del mismo.

PROPORCIÓN DE AGUA Y DE AZÚCAR

En general, si la receta no indica otra cosa, para hacer almíbar se utiliza igual volumen de ambos ingredientes. Es decir: para 1 taza de azúcar, 1 taza de agua. El agua apenas debe sobrenadar el azúcar. En cuanto a ésta, se recomienda siempre usar la más refinada, para librar al almíbar de impurezas. No obstante, si al hervir se formara en la superficie del almíbar una espuma gris, conviene retirarla con una cuchara de madera. Y si se formaran cristalitos en las paredes internas de la cacerola, también retirarlos cuidadosamente con un trapito húmedo.

CONSIGNA
CLAVE:
NO REVOLVER

El almíbar, una vez disuelto el azúcar en el agua a fuego suave, debe hervir a fuego fuerte y sin revolver. Si se revuelve, corre el riesgo de azucararse. Más aún si tal operación se hace con cuchara de metal. Por tal razón, cuando se extrae una muestra de almíbar para reconocer su punto, muchos reposteros usan sus dedos, previamente enjuagados con agua fría, y los zambullen rápidamente en la superficie del almíbar hirviendo. Como sé por experiencia propia cómo duele una quemadura en la yema de los dedos... le sugiero sacar la muestra del almíbar con una cuchara de madera. (Una gotita, apenas...) Para que el almíbar no se azucare (¡si no tiene por qué azucararse!) y para que parezca más brillante, muchos le agregan unas gotas de jugo de limón o una pequeña proporción de glucosa de repostería.

RECONOCIMIENTO
DE LOS
DIFERENTES
PUNTOS

Primer punto: almíbar de bar

Tiempo: 3 minutos de hervor, aproximadamente.
Reconocimiento del punto: Debe hervir tan sólo el tiempo necesario para que el azúcar se disuelva. Apenas aumentará su densidad. Es el almíbar que se utiliza para preparar cócteles (pues el empleo del azúcar impalpable, por su contenido de fécula de maíz, opaca la mezcla), preparar frutas al natural, cocinar "huevos hilados", etcétera.

Segundo punto: hilo flojo

Tiempo: 8 minutos de hervor, aproximadamente.
Reconocimiento del punto: Retire una gotita de almíbar con la cuchara de madera (aparte el recipiente del fuego) y viértala en la yema del dedo índice. Presione la gotita de almíbar con la yema del dedo pulgar de la misma mano. Apriete bien. Separe los dedos un centímetro entre sí. Al hacerlo, deberá formarse un hilito de almíbar que enseguida se corta.
El almíbar a "punto de hilo flojo" se usa para humedecer tortas, fabricar licores caseros, pintar piezas recién horneadas, para abrillantarlas, etcétera.

Tercer punto: hilo fuerte

Tiempo: 10 minutos de hervor, aproximadamente.
Reconocimiento del punto: Retire una gotita de almíbar con la cuchara de madera (aparte el recipiente del fuego) y viértala en la yema del dedo índice. Presione con la yema del pulgar de la misma mano. Apriete bien. Separe ambos dedos a un centímetro de distancia entre sí. Al hacerlo, deberá formarse un hilito de almíbar resistente, que se mantiene sin cortar.
El almíbar a "punto de hilo fuerte" se utiliza en la composición de numerosos postres: yema quemada, tocinitos del cielo, crema fría de manteca, etcétera.

Cuarto punto: bolita blanca

Tiempo: 11 minutos de hervor, aproximadamente.
Reconocimiento del punto: Ponga agua fría en una taza y vierta en ella un poquito de almíbar, utilizando una cuchara de madera. (Retire del fuego el recipiente.) En contacto con el agua, el almíbar se precipitará, se enfriará y tomará consistencia de "chicle" (goma de mascar). Trate de tomar el almíbar enfriado entre los dedos: podrá moldearlo fácilmente en forma de bolita blanca. Si al realizar el test el almíbar se desintegrara en el agua, es señal de que aún no ha alcanzado el punto debido. Hágalo hervir unos segundos más.
Este almíbar se utiliza mucho en repostería: para hacer merengue italiano, fudge, caramelos blandos, etcétera.

Quinto punto: bolita dura

Tiempo: 12 minutos de hervor, aproximadamente.
Reconocimiento del punto: Repita la operación anterior: al enfriarse el almíbar en el agua y modelarlo con las manos, deberá obtenerse una bolita más dura que en el punto anterior.
Se utiliza mucho en bombonería.

Sexto punto: caramelo

Tiempo: 13 minutos.

Llegado este punto, el almíbar ya empieza a tomar colorcito dorado, característico del caramelo.

Reconocimiento del punto: Eche un poquito de almíbar en el agua fría puesta en una taza, utilizando siempre cuchara de madera. Al entrar en contacto con el agua fría, el almíbar se cristalizará enseguida, oyéndose el clásico "¡Crac!" que hace el vidrio al quebrarse. Si no grita..., es señal de que todavía necesita unos segundos más de cocción.

El almíbar a punto de caramelo se utiliza para acaramelar moldes, hacer azúcar hilada, praliné, acaramelar petits fours, etcétera.

Almíbar

(Receta básica)

INGREDIENTES

❑ Azúcar, 200 g
❑ Agua, 200 g
❑ Jugo de limón, 1/2 cdita.
(optativo)

PREPARACIÓN

1 Ponga el azúcar en una cacerolita.

2 Cúbrala con agua.

3 Agréguele el jugo de limón.

4 Revuelva sobre el fuego suave con cuchara de madera, hasta que el azúcar se disuelva. No revuelva más.

5 Gradúe la llama al máximo y haga hervir el almíbar a punto fuerte —SIN REVOLVER—, hasta que tome el punto deseado.

APLICACIONES
Budín de coco

INGREDIENTES

- ❏ Azúcar, 400 g
- ❏ Chaucha de vainilla, 1
- ❏ Coco, rallado seco, 200 g
- ❏ Huevos, 4
- ❏ Yemas, 8

PREPARACIÓN

1 Ponga en una cacerolita el azúcar y la chaucha de vainilla.

2 Cubra apenas con agua y ponga a hervir.

3 Coloque el coco rallado en un bol.

4 Cuando el almíbar tome el punto de hilo fuerte, viértalo sobre el coco rallado y mezcle con cuchara de madera. Deje enfriar. Al enfriarse, el coco absorbe el almíbar y se "esponja".

5 Bata los huevos con las yemas hasta "que no se note la clara".

6 Una con el coco, mezclando bien. Retire la chaucha de vainilla.

7 Vierta en una budinera acaramelada.

8 Cocine a bañomaría hasta que el budín esté firme (pruebe con 1 aguja clavada hasta el fondo) y la superficie bien doradita y crocante (1 hora y media).

9 Retire del baño, deje enfriar bien y recién después desmóldelo directamente en la fuente donde lo piensa servir. Si le diera trabajo desmoldarlo, pase el fondo de la budinera rápidamente por la llama de un quemador. Al ablandarse el caramelo, se facilita el desmolde. (¡Pero que no se le vaya la mano, porque derretirá el budín!) Al desmoldarlo, le quedará un budín de dos pisos: arriba (la parte que estaba abajo en la budinera), una especie de tocino del cielo; abajo, una especie de torta o pasta de coco deliciosa.

*T*orrijas de pan

(El famoso "pan perdu" de la cocina familiar francesa)

INGREDIENTES

❑ Pan del día anterior, cantidad que se desee (tipo francés)
❑ Leche, cantidad necesaria (fría)
❑ Azúcar, a gusto
❑ Esencia de vainilla, a gusto
❑ Huevos batidos, cantidad necesaria
❑ Aceite, para freír
❑ Almíbar a punto de hilo fuerte, cantidad necesaria

PREPARACIÓN

1 Corte el pan en rodajas de 1/2 o 1 cm de espesor.

2 Ponga leche en una fuente honda, azucárela a gusto (piense que el pan no lleva azúcar) y perfúmela con esencia de vainilla a gusto. Mezcle.

3 Coloque las rodajas de pan en otra fuente, sin encimar y vierta sobre ellas la leche azucarada. Délas vuelta una vez, para que se humedezcan bien de ambos lados.

4 Ponga a calentar suficiente aceite en una sartén.

5 Bata 3 o 4 huevos hasta que estén espumosos.

6 Escurra las rodajas de pan cuidadosamente —para que no se rompan—, páselas por los huevos batidos y fríalas en aceite, hasta que estén perfectamente doradas (muy doradas) de ambos lados.

7 A medida que las fría, escúrralas y apóyelas sobre papel absorbente.

8 Tenga listo el almíbar a punto de hilo fuerte, bien caliente.

9 Bañe las torrijas en el almíbar, de a una por vez y deposítelas en una fuente. Sirva frías.

NOTA

En algunas recetas francesas "exquisitas", en lugar de bañar el pan en leche, lo hacen en "crema inglesa". Entre nosotros también se acostumbra a hacer las torrijas "dobles", cortando el pan en rodajas bien delgadas y antes de bañarlas en la leche, unidas de a dos con una tajada de dulce de membrillo o de batatas en el medio (sándwiches... ¡bah!). El resto, igual que como indica la receta.

LAS TORTAS A BASE DE MANTECA

Son de miga más espesa que los bizcochuelos, pero con un tentador gustito a manteca. La incorporación de la manteca difiere según cada receta en particular. La mayoría de estas tortas parte de un batido de manteca hasta obtener una crema. Recién entonces se incorporan los otros ingredientes. Y por último, si las lleva, las claras a nieve. Otras veces la manteca se agrega derretida, en cuyo caso primero se baten los huevos o yemas con el azúcar hasta obtener el punto letra y, recién entonces, se incorpora la manteca derretida en forma de hilito, sin interrumpir el batido. Y hay fórmulas que utilizan la manteca bien fría, cortada con los ingredientes secos hasta obtener un granulado. Como se dará cuenta... ¡no hay reglas fijas para hacer esta clase de tortas! Cada receta es un pequeño reglamento que deberá respetar al pie de la letra. En este capítulo nos limitaremos a explicarle algunos clásicos de la repostería. Dejaremos para otra oportunidad las "tortas chiffon" hechas con aceite en lugar de manteca.

Torta Genoise

INGREDIENTES

- Huevos, 4
- Azúcar, 100 g
- Esencia de vainilla, 1 cdita.
- Manteca derretida y fría, 50 g
- Harina tamizada, 2 cdas. panzonas

PREPARACIÓN

1 Ponga los huevos en la batidora junto con el azúcar y bata y bata y bata hasta que todo crezca, espese y alcance el punto letra.

2 Siga batiendo a toda máquina, mientras le incorpora la manteca derretida, agregada en forma de hilito.

3 Deje de batir y perfume con la esencia.

4 Tamice sobre el batido la harina, mientras mezcla suavemente con movimientos envolventes, para que no se precipite.

5 Vierta en un molde enmantecado y enharinado de 22 cm.

6 Cocine 3 minutos en horno moderado y el resto en horno suave, hasta que esté doradita y cocida (pruebe la cocción clavándole una brochette: debe salir sin adherencias).

7 Desmolde sobre rejilla y rellene y cubra a gusto.

*T*orta Mármol

INGREDIENTES

- ❏ Manteca, 100 g
- ❏ Azúcar, 1 taza y 1/3
- ❏ Yemas, 2
- ❏ Leche, 2 tazas
- ❏ Harina, 2 tazas
- ❏ Polvo para hornear, 3 cditas.
- ❏ Esencia de vainilla, 1 cda.
- ❏ Sal, un poquitito así
- ❏ Chocolate disuelto a bañomaría suave, 150 g
- ❏ Claras batidas a nieve, 2

PREPARACIÓN

1 Bata la manteca con el azúcar tratando, vanamente, de convertirla en crema… (¡sígame!).

2 Incorpórele las dos yemas y siga batiendo. ¿Vio que las cosas mejoran?

3 Termine con sus angustias incorporándole, en forma alternada: la leche y la harina tamizada con la sal y el polvo para hornear.

4 Unale suavemente las dos claras batidas a nieve.

5 Separe el batido en dos partes iguales.

6 Agregue a una mitad la esencia de vainilla, y a la otra mitad, el chocolate derretido.

7 Enmanteque y enharine un molde de 22 cm.

8 Vierta primero la pasta de chocolate y sobre ésta, la de vainilla.

Varios
- ❑ Chocolate cobertura, para bañar la torta, 200 g

9 Tome una espátula, húndala en el batido e imprímale un movimiento de espiral, o de línea zig-zag... ¡o como se le ocurra! a fin de mezclar irregularmente ambos batidos y lograr un aspecto marmolado.

10 Coloque el molde en horno moderado hasta que la torta esté cocida y tienda a separarse del molde.

11 Desmolde y enfríe.

12 Bañe con el chocolate cobertura rallado y disuelto a bañomaría muy suave, sin ningún otro agregado. Una vez bañada, estaciónela unos minutos en la heladera para que el chocolate se solidifique.

Torta Yeya

No lleva manteca, pero lleva crema. ¿Y de dónde se saca la manteca, si no? La incluyo en este capítulo porque es facilísima y sensacional.

Ingredientes

- ❑ Crema de leche, un pote de 250 g
- ❑ Azúcar, 1 pote (medido con el mismo de la crema)
- ❑ Harina leudante, 2 potes
- ❑ Esencia de vainilla, 1 cda.
- ❑ Yemas, 2
- ❑ Claras a nieve, 2

Preparación

1 Mezcle —sin batir— la crema, el azúcar, la esencia, la harina leudante y las yemas.

2 Unale suavemente las claras a nieve.

3 Vierta en un molde de 24 cm enmantecado y enharinado.

4 Cocine en horno moderado hasta que esté doradita y quiera escaparse de las paredes del molde.

5 Desmolde sobre rejilla y espolvoréela con azúcar impalpable. O déjela enfriar y luego cubra con algún azucarado.

*T*orta liviana de chocolate

▪ INGREDIENTES

- ❏ Huevos, 3
- ❏ Azúcar,
3/4 de taza
- ❏ Manteca, 200 g
- ❏ Chocolate, 200 g
- ❏ Harina
leudante, 1/2 taza

PREPARACIÓN

1 Bata los huevos con el azúcar, en la batidora, hasta que espese bien y alcance el punto letra.

2 Derrita a bañomaría el chocolate con la manteca.

3 Una el chocolate derretido al batido de huevos.

4 Incorpórele la harina leudante y mezcle suavemente.

5 Vuelque en un molde desarmable de 22 cm enmantecado y enharinado.

6 Cocine en horno moderado hasta que se note cocida.

7 Retire el molde del horno, aflójele el aro lateral, pero no lo retire hasta que la torta esté totalmente fría.

*B*udín Inglés

INGREDIENTES

❑ Manteca, 100 g
❑ Azúcar, 1 taza
❑ Ralladura de
1 limón
❑ Yemas, 3
❑ Nueces,
almendras, pasas
de uva sin semilla
y fruta
abrillantada
picadita, en total
250 g
❑ Coñac,
1/3 de taza
❑ Harina
leudante, 170 g
❑ Claras a nieve, 3

PREPARACIÓN

1 Macere las frutas con el coñac.

2 Bata la manteca con el azúcar y la ralladura de limón. Agréguele las yemas de a una por vez, batiendo bien después de cada adición.

3 Unale las frutas maceradas, con todo su juguito y bata bien (agregar las frutas antes que la harina: ¡he ahí el secreto para que no se vayan al fondo del budín!).

4 Mézclele la harina leudante.

5 Agregue la mitad de las claras a nieve, para ablandar la mezcla.

6 Unale el resto de las claras, mezclando suavemente.

7 Vuelque en un molde tipo budín inglés Nº 5 enmantecado y enharinado.

8 Cocine en horno moderado. A mitad de cocción, moje una cuchilla y hágale al budín, en la panza, un "harakiri" de cabo a rabo. Deje que termine su cocción. ¿Vio cómo el budín, con este método cruel, saca panza igual que los comprados? Desmolde sobre rejilla. Una vez frío, si quiere, báñelo con un azucarado blanco o con chocolate cobertura.

INDICE

Esta edición
se terminó de imprimir en
Indugraf S.A.
Sánchez de Loria 2251, Buenos Aires
en el mes de febrero de 1998.